ARCHE

Inhalt

Der Schriftsteller Christoph Peters verbringt jede Woche viele Stunden mit seiner großen Leidenschaft, dem Genuss von Tee. Feinsinnig erzählt er in *Diese wunderbare Bitterkeit*, auf welchen Wegen man zum perfekten Tee gelangen und dabei Ruhe und Gelassenheit finden kann. Er erinnert sich an erste Tee-Initiationsriten im Internat oder an das unerwartete Glück eines vollkommenen Senchas, den ihm ein schnauzbärtiger Wirt in einem rheinhessischen Waldgasthaus servierte. Und Christoph Peters lädt ein auf eine Reise durch die Teekulturen der Welt, von Ostfriesland bis in die Türkei, von Japan über China bis zum englischen High Tea.

Der Autor

Christoph Peters, geboren 1966 in Kalkar am Niederrhein, lebt als freier Schriftsteller in Berlin. Für sein Werk wurde er vielfach ausgezeichnet, u. a. mit dem aspekte-Literaturpreis, dem Friedrich-Hölderlin-Preis sowie dem Wolfgang-Koeppen-Preis; zuletzt erschienen *Dorfroman* (2020) und der Reiseessay *Tage in Tokio* (2021).

Der Zeichner

Matthias Beckmann, 1965 in Arnsberg geboren, studierte in Düsseldorf und Stuttgart und lebt heute in Berlin. Seine Werke, für die er zahlreiche Preise und Stipendien erhielt, befinden sich in vielen öffentlichen Sammlungen.

Christoph Peters

Diese wunderbare Bitterkeit

Leben mit Tee

Mit Zeichnungen von Matthias Beckmann

ARCHE

Für Carla.

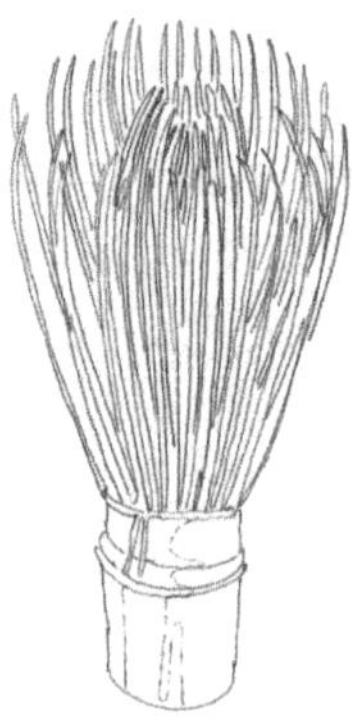

Inhaltsverzeichnis

GEPA
Schwarztee
Ceylon
Darjeeling

1. Die Lage

Tee ist das Getränk der Stunde – so könnte man meinen: Hochwertige Darjeelings, Assams oder auch Earl Greys sind Teil einer Renaissance bürgerlicher, am englischen Geschmack orientierter Lebensart – sozusagen die Fortsetzung von *Downton Abbey* im heimischen Wohnzimmer, dagegen verbindet sich im Longjing oder Sencha und erst recht im Matcha, dem pulverisierten Grüntee für die japanische Teezeremonie, modernes Gesundheitsbewusstsein mit den Weisheitslehren Asiens. Erlesener Schwarztee in feinem Porzellan steht geradezu sinnbildlich für den westlichen Trend zu »Wertigkeit« und »Entschleunigung«, wohingegen man sich mit grünem Tee, empfindlicher in der Zubereitung und dem Vernehmen nach noch viel gesünder für Körper und Geist, in östlicher »Achtsamkeit« übt. Beides ist mehr denn je vonnöten, damit der von allen Seiten unter Feuer genommene nachpostmoderne Mensch hier und da Momente der Ruhe findet.

Schon das Wort *Tee*, das wie ein tiefer Atemzug in der Unendlichkeit zu verhallen scheint, hat einen vollständig anderen Ausdruck als *Kaffee!*, dessen zackiger Anlaut selbst schon fast wie ein Befehl klingt, und genauso schallt es auch allmorgendlich millionenfach durch Verwaltungsgebäude und Produktionsstätten, wenn die ebenso hoch motivierten wie chronisch erschöpften Helden der Arbeit zur Tür hereinkommen. Viele haben auf dem Weg dorthin ihren ersten *Coffee to go* getrunken und damit sich selbst und allen anderen ihre uneingeschränkte Leistungsbereitschaft demonstriert.

Dagegen klingt die Vorstellung, sich *Tea to go* zu bestellen, in den Ohren der meisten Teetrinker genauso absurd wie die Idee einer Teemaschine, obwohl dem Fortschritt verpflichtete Produktentwickler sich auch daran versucht haben: Parallel zur Erfindung des industriellen Teebeutels in Deutschland erlangte in Großbritannien und seinen Kolonien ab den frühen 1930er-Jahren eine sonderbare Apparatur namens *Teasmade* eine gewisse Popularität, in der Wecker, Wasserkocher und Teekanne miteinander kombiniert waren, um dem zunehmend unter Zeitdruck geratenen Gentleman des Morgens einige Handgriffe und Minuten einzusparen. Ich kenne tatsächlich jemanden, der so ein Ding besitzt, allerdings weniger, weil er glaubt, dass man Tee sinnvollerweise auf diese Art zubereitet, als vielmehr, weil er sämtliche Marotten der Briten liebt.

Während Kaffee als einer der wichtigsten Treibstoffe der Leistungsgesellschaft gilt und durch hochpreisige, an die Glanzzeit italienischen Sportwagenbaus erinnernde Maschinen auch repräsentative Aufgaben übernehmen kann, steht der Tee für Zurückgenommenheit und Selbstbesinnung. Er begleitet gedämpfte Unterhaltungen oder die Lektüre eines gebundenen Buchs in vertrauten Räumen, die idealerweise mit gediegenen Möbeln und goldgerahmten Bildern ausgestattet sind.

Um einen guten Tee zuzubereiten, sind aufwendige technische Apparaturen nicht nur nutzlos, sondern regelrecht hinderlich. Manche Tees erweisen sich als ausgemachte Diven und reagieren auf Mangel an persönlicher Zuwendung und Fingerspitzengefühl mit Geschmacksverweigerung oder Verbitterung. Im Grunde braucht es für einen guten Tee lediglich frisches Wasser in der jeweils richtigen Temperatur und passende Gefäße, um ihn aufzugießen beziehungsweise zu trinken. Diese Teegefäße bilden – vor allem in China und Japan – seit anderthalb Jahrtausenden auch ein zentrales Betätigungsfeld für viele kunsthandwerkliche Traditionen, insbesondere im Bereich der Keramik. Die Suche nach dem perfekten Tee hat die dortigen Töpfer immer wieder zu technischen Innovationen und zeitlosen Meisterwerken angetrieben.

In seiner geschmacklichen Vielfalt und Nuanciertheit ist der Tee allenfalls dem Wein vergleichbar, wobei die viel zu grobe Einteilung in Weißwein, Rosé und Rotwein nicht nur farblich eine gewisse Entsprechung in der ebenso oberflächlichen Unterscheidung von grünem, also unfermentiertem Tee, halb fermentiertem Oolong und schwarzem Tee aufweist. Manche Teehandelshäuser bedienen sich bei der Beschreibung ihres Angebots denn auch derselben Küchenpoesie, wie man sie vom Winzerprospekt kennt: Von »fordernd fruchtig«, »rasant animierend« oder »feiner Zitrusnote« ist da die Rede. Selbst was die Preise anlangt, nehmen erstklassige Tees es mühelos mit den besten Weinen auf. So ist es ohne Weiteres möglich, mehrere Hundert Euro für ein

Döschen Gyokuro aus einem berühmten japanischen Teegarten zu bezahlen; chinesische Pu-Erh-Ziegel, die noch nach dem traditionellen Reifungsverfahren hergestellt wurden, können auf Auktionen Preise von einigen Tausend Dollar erzielen. 2013 wurde für zwei Kilo Fu Yuan Chang Pu Erh die Rekordsumme von einer Million Britischen Pfund bezahlt.

Im Prinzip gäbe es also auch für den begüterten Teetrinker Möglichkeiten, seine versnobten Freunde zu beeindrucken, wobei er – trotz der gegenwärtigen Teemode – hierzulande wohl noch immer damit rechnen müsste, von besorgten Angehörigen vors Vormundschaftsgericht gezerrt zu werden, würde er sein Geld auf diese Weise anlegen. Nach wie vor ist es so, dass Leute, die locker fünfundzwanzig Euro für eine Flasche Wein ausgeben oder sich einen Espressoautomaten für tausendfünfhundert Euro in die Küche stellen, mich anschauen, als hätte ich nicht alle Tassen im Schrank, wenn ich ihnen erzähle, dass man schon zwanzig Euro für zwanzig Gramm Matcha ausgeben muss, wenn man eine trinkbare Qualität erwerben will, und dass hundert Euro für ein Yixing-Kännchen, wie man es für die Zubereitung eines guten Oolong-Tees benötigt, durchaus normal sind. Bei den *Chawan*, den großen Schalen für die japanische Teezeremonie, würden Preise wie für ein Van-Gogh-Gemälde aufgerufen, käme zum Beispiel ein Stück des sagenumwobenen Töpfers Chōjirō (1516 – ca. 1592) zur Auktion, der in Zusammenarbeit mit Sen no Rikyū (1522–1591), dem bedeutendsten Meister des japanischen Teewegs, die berühmte *Raku*-Keramik entwickelt haben soll.

Gleichwohl, und auch wenn es wie ein Widerspruch klingt, gilt für jedwede Form der Teezubereitung, was besagter Sen no Rikyū in einem Lehrgedicht über die Rolle des Teegeräts formulierte:

»Ist es vorhanden: gut,
gibt es keins: dann nicht;
handeln wir gerade so,
wie es ist,
dann ist es die wahre Teekunst.«

Was im Grunde nichts anderes bedeutet, als dass es zwar immer so, aber eben auch anders geht – vorausgesetzt, derjenige, der den Tee zubereitet, weiß, was er tut.

Allerdings scheint die Teezubereitung bei uns – trotz neuer Bürgerlichkeit und heiligem Krieg gegen freie Radikale und obwohl es seit Langem auch abseits der Ballungsräume gut sortierte Teefachgeschäfte gibt – noch immer etwas für Spezialisten, um nicht zu sagen,

Sonderlinge zu sein. Nach wie vor stehen in den Supermarktregalen weitgehend dieselben Teemarken wie vor dreißig Jahren, und anders als beim Kaffee, wo man inzwischen in jeder Kleinstadtbäckerei eine akzeptable Qualität trinken kann, fällt der Teemensch auch in ambitionierten Ausschankstätten für Heißgetränke – die bezeichnenderweise fast immer »Café« heißen – regelmäßig in Zustände depressiver Verstimmung. Selbst wenn neben der Porzellankanne ein frisch befülltes Papiersäckchen oder ein Siebeinsatz mit einem laut Karte »Darjeeling first flush SFTGFOP1 Singbulli« liegt, besteht nur eine geringe Chance, dass daraus noch ein guter Tee wird. Der Grund liegt in einer fatalen Fehlinterpretation der grundsätzlich richtigen Erkenntnis, dass der Teetrinker die Ziehzeit seines Tees lieber selbst bestimmen möchte, je nachdem, ob er ihn anregend oder beruhigend, blumig leicht oder kräftig bitter bevorzugt. Infolge der ersten Grünteewelle vor gut zwanzig Jahren hat sich unter Deutschlands Gastronomen außerdem herumgesprochen, dass dieser nur sehr kurz und keinesfalls in zu heißem Wasser ziehen darf. Da kein Mensch verlangen kann, dass die überlastete und unterbezahlte Tresenkraft mit dem Teethermometer in der Hand am Wasserkocher steht, hat sich als Kompromisslösung lauwarmes Wasser für alle durchgesetzt. Wenn nun aber nicht gerade ein hochwertiger japanischer Gyokuro neben dem Kännchen liegt, der Wassertemperaturen zwischen fünfzig und sechzig Grad bevorzugt, verlasse ich das Lokal am besten gleich wieder, es sei denn, ich bin mit jemandem verabredet und es spielt sowieso keine Rolle, was ich trinke. Meist ist das warme Wasser auch noch für die doppelte Menge Teeblätter bemessen, sodass sich selbst nach zehnminütiger Ziehzeit nur eine gelbliche Flüssigkeit von unspezifischem Geschmack in meiner Tasse befindet. Inzwischen bin ich froh, wenn ich es mit einer gänzlich ahnungslosen Bedienung ohne jede Ambition zu tun habe, die mir einen landläufigen Beutel English Breakfast mit einem zischenden Wasserstrahl direkt aus dem Kaffeevollautomaten überbrüht.

In den meisten Privathaushalten ist die Lage kaum besser. Wenn ich die Frage »Trinkst du einen Kaffee … oder lieber Tee« dummerweise mit »lieber Tee« beantwortet habe, ist die Reaktion für gewöhnlich eine kurze Pause, gefolgt von einem vorsprachlichen Ratlosigkeitslaut, der in den Satz »Mal sehen, was ich da hab« mündet. Irgendwo zwischen Reis, Linsen, Tütensuppen und Gewürzdöschen finden sich schließlich einige Faltkartons mit Beuteltees, von denen die wenigsten Trockenbrösel der echten Teepflanze »Camellia sinensis« enthalten. »Anzubieten hätte ich Pfefferminztee … Fenchel-Anis-Kümmel … Rooibos-Vanille … Ah, warte mal, hier gibt's noch Earl Grey. Ich weiß aber nicht, wie alt der ist.«

Währenddessen habe ich längst einen verstohlenen Blick durch die Küche geworfen, ob sich dort wohl eine brauchbare Espressomaschine befindet, denn ein guter Espresso ist mir allemal lieber als ein Earl Grey mit feiner Hausstaubnote, und obwohl ich Tee bevorzuge, möchte ich den Gastgeber doch keinesfalls in Verlegenheit bringen, geschweige denn als komplizierter Besuch dastehen.

Tatsächlich ist es mit dem Tee einerseits einfach, andererseits trifft man nur selten Leute, die einem sagen können, was man denn eigentlich tun muss oder auf jeden Fall vermeiden sollte, damit Tee nicht nur eine magenfreundlichere Alternative zum Kaffee bei vergleichbarer Koffeindosis ist, sondern wirklich schmeckt, ja womöglich sogar zu einem herausragenden Geschmackserlebnis wird.

Zwar sind – wenn man Tee von bekannten Marken oder größeren Handelshäusern kauft – meist Angaben zu Mengen, Wassertemperatur und Ziehzeit auf die Packung gedruckt, doch die Standardregel »Ein Löffel pro Tasse und einer für die Kanne« führt gerade bei dunklen Tees zu derart starken Aufgüssen, dass zumindest meinem Gaumen und Magen Zucker oder die Beimischung einer anteiligen Menge heißen Wassers unumgänglich erscheint, wie sie bei Tee aus dem Samowar oder den türkischen Doppelkannen üblich ist. Die Anweisungen, oder sagen wir besser, Zubereitungsvorschläge, die zum grünen Tee kursieren – eine Minute bei zwischen siebzig und achtzig Grad heißem Wasser –, können im Fall eines kostbaren japanischen Senchas bereits zu einem gruselig bitteren Gebräu geführt haben; nehme ich hingegen einen nicht weniger edlen chinesischen Anji Bai Cha, schmeckt er jetzt wahrscheinlich noch nach fast nichts, und wie man das berühmte Gunpowder zubereitet, damit etwas Trinkbares im Becher ist, weiß ich bis heute nicht. Angesichts der extrem unterschiedlichen Blattformen und Schnittgrade, zu denen Tee verarbeitet wird, sind allgemeine Löffelangaben ohnehin sinnlos: Von einem Broken Ceylon oder bestimmten Senchas, die aussehen wie gehäckselt, befinden sich vielleicht fünf oder sechs Gramm eines sehr ergiebigen Tees auf dem Löffel; handelt es sich dagegen um einen weißen Pu Erh Bai Ya oder um einen dunklen Da Hong Pao Oolong, ist der Löffel fast leer, wenn ich ihn aus der Dose hebe. In diesem Fall nehme ich lieber gleich drei Finger, um ihn in die Kanne zu befördern, wie es mir Herr Benjowski, der eines der besten Teegeschäfte in Berlin betreibt, häufig in China unterwegs ist und viele Teebauern persönlich kennt, geraten hat.

Läuft einem tatsächlich einmal ein »richtiger« Teekenner über den Weg, besteht dann auch noch die Gefahr, dass es sich um einen der zahlreichen Fundamentalisten handelt, wie sie sich in allen Gruppen finden, die exklusiv Erlösung durch dieses oder jenes versprechen. Dann habe ich mich als Gesprächspartner womöglich schon komplett disqualifiziert, wenn ich Kaffee nicht grundsätzlich ablehne. Einmal hat mir jemand mit wissenschaftlicher Akribie erklärt, dass meine Geschmacksrezeptoren bereits durch gelegentlichen Espressogenuss so sehr in Mitleidenschaft gezogen seien, dass mir die Feinheiten eines guten Tees auf lange Sicht, wenn nicht sogar für immer verschlossen blieben, von den schweren gesundheitlichen Problemen, die durch die Giftstoffe im Kaffee auf mich zukommen würden, ganz zu schweigen.

Unter den Teefundamentalisten sind aber nicht nur solche, die das Kaffeetrinken für schwere Sünde halten. Manche fühlen sich darüber hinaus einer einzigen und ewigen Wahrheit bei der Zubereitung dieses oder jenes Tees verpflichtet. So ist mir die Verachtung von Anhängern puren Darjeelings sicher, sobald ich Wörter wie »Ceylon« oder gar »Zucker« in den Mund nehme. Bevorzuge ich Milch wie in England, Sahne-*Wölkchen* wie in Ostfriesland oder gar frische Minzblätter, wie man es im Orient mag, sehe ich schon an der Mischung aus Schmerz und Ekel im Gesicht meines Gegenübers, dass es ihm lieber wäre, ich würde gleich ganz zum Kaffee wechseln und so wenigstens die unschuldigen Teeblätter mit meinen Zumutungen verschonen.

Tatsächlich gibt es – schaut man sich unvoreingenommen um in der teetrinkenden Welt – so viele verschiedene Zubereitungsweisen und gesellschaftliche Rituale rund um den Tee wie Klimazonen, Küchen und Religionen. Aber wie in allen anderen Bereichen werden auch im Hinblick auf den Tee die regionalen und kulturellen Unterschiede häufig nicht als Bereicherung, sondern als Geschmacksverirrung oder gar Frevel wahrgenommen. Einem chinesischen Pu-Erh-Kenner stehen beim Gedanken an den in Nordafrika so beliebten bittersüßen Grüntee mit viel frischer Minze vermutlich ebenso die Haare zu Berge wie dem japanischen Teemeister, wenn der Berliner Hipster »Matcha latte« sagt, oder dem erwähnten Darjeeling-Connaisseur, wenn er sich indischen Masala Chai mit Zimt, Ingwer, Pfeffer und Kardamom vorstellt. Sobald die Rede auf die tibetische Art kommt, Tee mit Yakbutter zu kochen und womöglich noch Gerstenmehl hineinzurühren, schütteln sie sich alle gemeinsam, ganz gleich, was sie ansonsten über China oder den Dalai Lama denken.

Liest man im *Cha Ching* des Lu Yu (728–804), der ältesten überlieferten Schrift zum Tee, sieht man, dass bereits während der Tang-Dynastie, als der Tee noch zu Ziegeln gepresst, geröstet, im Mörser zerstoßen und mit Salzwasser gekocht wurde, die Ansichten darüber, wie er denn nun am besten zuzubereiten sei, weit auseinandergingen und Meinungsverschiedenheiten in dieser Frage zu tiefen Zerwürfnissen führen konnten. So berichtet Lu Yu, dass dem Tee beispielsweise »Lauch, Ingwer, Jujube, Mandarinenschalen, Kornelkirschen und Pfefferminze« beigemischt würden, und er fasst zusammen: »Leider ist diese schlechte Angewohnheit, Tee zu entwürdigen, heute schon sehr verbreitet.«

Einerseits hat sich daran seither nicht viel geändert, andererseits ist es gerade beim Tee so, dass vermeintliche Widersprüche und Unvereinbarkeiten weder Zeichen für Irrglauben noch für zivilisatorischen Minderwert sein müssen, sondern dass die verschiedenen Traditionen des Tees womöglich allesamt Aspekte und Eigenschaften seiner »Wahrheit« enthüllen, die sich einem öffnen, wenn man neugierig und vorurteilsfrei probiert, was einem hier und dort auf der Welt eingeschenkt wird.

Trotzdem gibt es natürlich besser und schlechter, perfekt und fürchterlich zubereiteten Tee, und leider finden sich auch immer noch Thermoskannen mit heißem Wasser auf Konferenztischen, in denen am Vortag Kaffee gestanden hat. Gegen dessen Nachgeschmack hat nicht einmal der unverwüstliche Earl Grey eine Chance.

Aber vielleicht setzt die aktuelle Teebegeisterung auch hierzulande endlich einen Prozess in Gang, wie ihn Wein und Kaffee längst hinter sich haben: Noch vor dreißig Jahren hätte ein Franzose mit deutschem Wein nicht einmal seine Yucca-Palme gegossen, und südlich von Basel galt deutscher Filterkaffee als schwerste Misshandlung, die den kostbaren Bohnen widerfahren konnte. Heute zählen Rieslinge aus dem Rheingau zu den besten Weinen der Welt, und meine Eltern, die in der tiefsten niederrheinischen Provinz leben, haben sich mit Ende siebzig ihren ersten italienischen Espressoautomaten gekauft.

Der Tee bietet einerseits noch viel mehr Möglichkeiten, ihn zu ruinieren, als Kaffee oder Wein, andererseits erlaubt er den persönlichen Vorlieben aber auch viel größere Freiheiten. Auf die gängigen Fragen – wie viel Tee für wie viel Wasser, und wie lange soll er ziehen? – gibt es tatsächlich für nahezu jeden Tee verschiedene »richtige« Antworten.

Bei mir ist aus schrecklich misslungenen Aufgüssen, Fragen, die mir kein Mensch und kein Buch beantworten konnte, und zufälligen Beobachtungen in den vergangenen anderthalb Jahrzehnten eine Art fröhlicher Teewissenschaft entstanden, mit immer neuen Experimenten und Versuchsreihen, Thesen und Gegenthesen, wobei ich nach wie vor nichts beweisen kann und endgültige Erkenntnisse selten sind. Letztlich geht es um Moleküle, die in Schwingung versetzt werden, aber wie sie sich bewegen und was diese Bewegungen bedeuten, hängt immer auch vom Betrachterstandpunkt ab – und das heißt in diesem Fall vom persönlichen Geschmack des Teetrinkers.

2. *Wie es anfing*

Der Tee in meiner Kindheit hatte nichts mit einer bestimmten Pflanze zu tun, die irgendwo im fernen Asien wuchs. Er war weder frisch-grün noch welk-braun, und niemanden interessierte, ob ganze Blätter, Bruch, Stängel oder Knospen verarbeitet worden waren. Beim Tee handelte es sich um etwas eher Medizinartiges von unbestimmter Konsistenz und Herkunft, meist in Beuteln abgefüllt, die bei Bedarf mit kochendem Wasser übergossen wurden: Mein Vater bekam Kamillentee gegen seinen reizbaren Magen; meine Mutter trank an eiskalten Winterabenden, die am Niederrhein schon vor Beginn des Klimawandels äußerst selten waren, Tee mit Rum, weil das drohenden Erkältungen ebenso wirksam vorbeugte wie Grog. Hingegen hatte sie eine tiefe, irgendwie kriegsbedingte Abneigung gegen Pfefferminztee. Meine Oma brachte Gläser mit pulverisiertem Nieren-Blasen-Tee und Erkältungstee aus der Apotheke ins Haus, beide wurden in siedendem Wasser aufgelöst, wenn rohes Ei, verquirlt mit Rotwein, nicht mehr half.

Und dann gab es noch den schwarzen Tee. Ihn umwehte eine unbestimmte Aura des Besonderen. Zumindest in meinen ersten Lebensjahren wurde er nicht im *Doppelkammerbeutel* gekauft und zubereitet, sondern mithilfe eines Tee-Eis – einer durchlöcherten Blechkugel, die man mit Teebröseln füllte und an einer kleinen Kette in die Kanne hängte. Das 250-Gramm-Paket »Echter Ostfriesentee«, in dem sich der Tee für das Ei befand, lagerte ungefähr fünfzehn Jahre in unserem Küchenschrank, und weil er als kostbar galt, wurde er auch nicht weggeworfen, als meine Mutter längst Beutel aufgoss. In der Wohnzimmervitrine stand ein eigenes Service für schwarzen Tee – hauchdünnes blau-weißes Porzellan aus China oder Japan –, das nie benutzt wurde. Mein Großvater besaß außerdem fünf kleine Teeschalen aus unglasiertem rotem Ton mit eingeritzter Berglandschaft und asiatischen Schriftzeichen, die wie durch ein Wunder die zweimalige Zerstörung seines Hausstands durch alliierte Bomben – erst in Essen, dann in Mühlheim – überstanden hatten, aber ebenfalls lediglich zur Dekoration dienten. Inzwischen weiß ich, dass es sich um Schälchen für Sencha oder Gyokuro aus der japanischen Töpferstadt Tokoname handelt, doch dafür wurden sie erst gut dreißig Jahre später von mir benutzt.

Schon als Kind begriff ich, dass dem schwarzen Tee früher und andernorts – wahrscheinlich vor dem Krieg und in der Großstadt – eine ähnliche Wertschätzung entgegengebracht worden war wie dem »Bohnenkaffee«. Abgesehen von seiner Aufgabe, die Basis für Rum zu liefern, diente jedoch auch der schwarze Tee in erster Linie medizinischen Zwecken. Er kam bei Magen-Darm-Grippen zum Einsatz, sobald der Kranke wieder etwas bei sich behielt. In einer meiner frühesten Erinnerungen berät meine Mutter sich mit Tante Mieke, die ihr wochentags im Haushalt half, ob es denn wohl angeraten sei, mir schwarzen Tee zu verabreichen, oder vielleicht doch zu gefährlich für meinen empfindlichen, überdies von Durchfall geschwächten Körper. Tante Mieke versicherte mit der ganzen Autorität der erfahrenen Hauswirtschafterin, die bei Unternehmern und Landadeligen in Dienst gestanden hatte, dass die Kinder des Barons von Sowieso und des Schuhfabrikanten Meyer in vergleichbarer Lage immer schwarzen Tee bekommen hätten. Auch sie selbst sei als kleines Mädchen von ihrer Mutter damit kuriert worden. Außerdem gehöre etwas Zucker hinein, da er zur Stärkung beitrage. Wenig später brachte meine Mutter mir auf einem großen Tablett eine weiße Porzellantasse mit dampfender, kupferfarbener Flüssigkeit und einem Stück Würfelzucker ans Bett.

Die Wasserqualität am Niederrhein muss zu dieser Zeit sehr gut gewesen sein, denn der Tee war vollkommen klar und ohne die unappetitlichen Schlieren, die sich heutzutage fast überall auf der Oberfläche bilden, wenn man das Wasser nicht filtert. Im Zusammenspiel mit dem Goldrand der ansonsten makellos weißen Tasse vermittelte der Tee ein Gefühl von Ernst und Freundlichkeit, als würde durch ihn mindestens so sehr meine geschwächte Seele wiederaufgerichtet wie mein angegriffener Verdauungstrakt kuriert. Ich nahm das Zuckerstück zwischen Daumen und Zeigefinger, tauchte es zur Hälfte ein, sah, wie die dunkle Flüssigkeit zwischen den weißen Kristallen aufstieg, und ließ los, kurz bevor sie meine Fingerspitzen erreichte. Es taumelte in drei, vier weichen Schwüngen auf den Tassenboden. Die Betrachtung seines allmählichen Zerfalls, noch bevor ich umrührte, gab mir eine frühe Ahnung von den unablässigen Wandlungen, aus denen das Leben in dieser Welt besteht. Womöglich empfand ich sogar schon eine Vorform der versöhnten Melancholie, die mir viele Jahre später im *Wabi-Cha* wieder begegnete, der japanischen Teezeremonie, wie sie von Sen no Rikyū zum Ende des 16. Jahrhunderts gelehrt wurde.

Ganz gleich, wie elend es mir in den Tagen zuvor gegangen war, in dem Moment, als ich den ersten Schluck Tee trank, hatte ich keinen Zweifel mehr, das Schlimmste überstanden zu haben. Weder stellte sich eine nervöse Überreizung ein, die meine Mutter vielleicht befürchtet hatte, noch spürte ich neuerliche Übelkeit.

Vielleicht waren es diese frühen Erfahrungen von Heilung und Fürsorge, die meine spätere Hinwendung zum Tee wenn nicht verursacht, so doch zumindest befördert haben. Denn außer am Krankenlager spielte der Tee als Getränk oder Genussmittel während meiner gesamten Kindheit keine Rolle.

Anders als zum Beispiel in Ostfriesland, wo die Schaufenster der Kleinstädte eine große Auswahl an Tee und Teegeschirr präsentierten, hatte das Teetrinken am Niederrhein weder bestimmte Rituale noch einen Platz im Alltag. Wer zu Besuch kam, wurde – je nach Tageszeit und Haushalt – mit Kaffee oder mit Schnaps und Bier bewirtet. Frauen schenkte man *Baes* ein – einen aufgesetzten Likör, meist aus Schwarzen Johannisbeeren. Ich kann mich nicht daran erinnern, dass meiner Mutter oder meinem Vater, wenn ich mit ihnen bei Nachbarn, Verwandten oder Arbeitskollegen ins Haus gebeten wurde, jemals die Frage »Trinkst du einen Tee?« gestellt worden wäre.

Womöglich ist eine psychologisierende Ursachenforschung in diesem Zusammenhang aber ohnehin ganz unangemessen, schließlich stammen die Varietäten der Teepflanze, Camellia sinensis, der »chinesischen Kamelie«, allesamt aus Ostasien, und dort bestimmen bekanntlich andere Prägeformen und Mechanismen Geschick und innere Verfasstheit der Menschen.

Zwar habe ich weder Einblick in die karmischen Prozesse, die womöglich mein Leben durchwirken, noch ist je ein Bild aus früheren Inkarnationen vor meinem inneren Auge aufgetaucht, aber fest steht, dass der islamische Orient einerseits und Ostasien andererseits in ihren verschiedensten kulturellen Ausformungen und Aspekten mich ohne vernünftigen Grund seit Kindertagen magisch anziehen. Ein Teil dieser Anziehung hängt mit dem Tee zusammen, der hier wie dort mehr als alles andere getrunken wird, oft überaus aufwendig zubereitet, teilweise geradezu kultisch verehrt.

Wenn ich diese allerersten Wahrnehmungen und Empfindungen dem Tee gegenüber genauer in den Blick nehme, merke ich, dass sie in Ansätzen bereits viel von dem enthalten, was mein Verhältnis zum Tee bis heute bestimmt. Kein Getränk ist besser geeignet, die Gedanken in einen Zustand der ruhigen Betrachtung und des uferlosen Sinnierens zu versetzen. Traumfahrten, Ambivalenzen und Uneindeutigkeiten sind mir schon als Kind lieber gewesen als zwingende Logik und unbezweifelbare Gewissheiten. Dabei wirkt die leichte Steigerung der Aufmerksamkeit, die der Tee verursacht, gerade so anregend, dass der Geist in seinen Bewegungen ein wenig freier wird, ohne in diesen Zustand angespannter Fokussierung zu geraten, wie ihn der Kaffee hervorruft. Beim Teetrinken stellt sich eine Offenheit für Ideen und Bilder aus den verschiedensten Richtungen ein, die wiederum hierhin und dorthin ausschweifen, sich überlagern, verschwimmen und manchmal etwas von der unendlichen Stille hinter allem erahnen lassen.

Doch bevor ich endgültig in teebedingte Spintisiererei und bodenlosen Mystizismus abgleite, reiße ich mich zusammen und kehre zurück zu meinem Leben mit Tee.

Lange vor Orientreisen und Asienstudien begann meine Sozialisation als überzeugter Teetrinker in einem sonderbaren, aus der Zeit gefallenen katholischen Jungeninternat, in dem ich meine Jugend verbracht habe. Es befand sich in einer alten, von einem breiten Wassergraben geschützten Klosteranlage. Nur die beiden jüngsten Jahrgänge, Sexta und Quinta, waren außerhalb dieses Grabens in einem neueren Gebäudekomplex namens Juvenat untergebracht. Dort gab es Achtbettzimmer, latent bösartige Nonnen und jüngere, alleinstehende Frauen als Erzieherinnen, deren wichtigste pädagogische Maßnahme in der Verhängung von stundenlangen Strafdiensten bestand. Während dieser ersten beiden Jahre durfte das Internatsgelände lediglich alle drei Wochen zu den »Heimfahrtswochenenden« verlassen werden. Insgesamt war es eine mäßig gute Zeit. Wer jedoch einen älteren Freund oder Bruder hatte, wurde manchmal nachmittags auf die innere Seite des Grabens zum Teetrinken eingeladen. Anfangs fand ich diese Möglichkeit eher wegen des Schutzes interessant, den ein älterer Pate einem in den ständigen Kämpfen mit Stärkeren oder notorischen Schlägern vielleicht bieten würde, doch immer häufiger kamen Klassenkameraden von diesen Tee-Einladungen zurück und erzählten sagenhafte Dinge über unvorstellbar wohlschmeckende Tees, von denen ich nie zuvor gehört hatte.

Die 1980er-Jahre begannen, die Bäume starben, der Atomkrieg stand unmittelbar bevor. Nicht nur, dass überall Bunker gebaut wurden – die Gebäude und ihre Inneneinrichtungen selbst nahmen höhlenartige Gestalt an: Dächer wurden mit Blei oder Kupfer verblendet, Zimmer mit Holzdecken ausgeschlagen, schwere Eichenmöbel und voluminöse Polstergarnituren simulierten gebärmutterartigen Schutz, und im abgedunkelten Zimmer leuchtete über der Flamme im Stövchen eine Glaskanne mit goldenem Tee.

Schon während der Sommerferien, bevor mein neues Leben auf der anderen Seite des Grabens begann, hatte ich mir eine solche Glaskanne gekauft, und beim ersten »Ausgang« – was wie »Freigang« klingt und im Prinzip etwas Ähnliches bezeichnete – im neuen Schuljahr fuhr ich mit dem Fahrrad die vier Kilometer ins benachbarte Städtchen Goch, um für mein gesamtes Taschengeld Tee zu kaufen. Ich wusste, dass es dort ein

Spezialgeschäft gab, das zudem eine Reihe anderer magischer Dinge im Angebot hatte: Räucherstäbchen, exotische Parfümöle, orientalische Hemden und »Jesuslatschen« – irgendwo in Indien von Kindern oder Hippies gefertigte Ledersandalen, mit denen man sowohl eine frühe Form globalisierten Bewusstseins als auch die Werte des Urchristentums zum Ausdruck bringen konnte. Nach einem Entscheidungsprozess, der die gesamten anderthalb Stunden meines ersten Ausgangs in Anspruch nahm, kehrte ich mit je einer Dose Broken Orange Pekoe, Vanilletee und Darjeeling zurück. Über Letzteren hatte unser Englischlehrer gesagt, das sei der Tee für die wirklichen Kenner. Diese drei Dosen bildeten das Fundament meiner Teepyramide.

Bittersüßer Tee, mit Fruchtextrakten oder Gewürzen aromatisiert, war so etwas wie das Getränk des Trostes in einer zum baldigen Untergang bestimmten Welt. Der Zeitgeschmack brachte große Mengen verschiedener, aus heutiger Sicht teilweise sehr gewöhnungsbedürftiger Mischungen hervor. Der beliebteste, noch vor dem klassischen Earl Grey, war der Vanilletee. Ich erinnere mich auch an Black Current, Wildkirsche, Passionsfrucht, Lemon, Pfirsich oder Zimt. Rauchtee galt als ultimativer Ausweis des Individualismus, aber nach der anfänglichen Sensation hatte man den Geschmack schnell satt. Grüne Tees hingegen spielten damals überhaupt keine Rolle, vielleicht auch deshalb, weil Japanische Kirschblüte oder Jasmin mit Zucker ungenießbar und die Zeiten für ungesüßten Tee zu düster waren.

In den folgenden Monaten wuchs meine Teepyramide auf fünfzehn Dosen an. Dabei waren grundsätzliche Entscheidungen zu fällen, mit denen jeder zugleich festlegte, wie er sich als Teemensch selbst sah: Sollten alle Tees von ein und derselben Teekompanie stammen – und wenn ja, von welcher? Es gab dezidierte Twinings-Anhänger, die auf Sir-Winston-Trinker herabsahen. Lipton war etwas für Leute ganz ohne Stil, das meiste Renommee brachten Dosen von Fortnum & Mason ein, hauptsächlich deshalb, weil man diese Tees persönlich aus England importieren musste. Außerdem bestand die Möglichkeit, alle Tees, ganz gleich, von welchem Handelshaus sie stammten, in Schmuckdosen umzufüllen. Sehr begehrt waren original chinesisch anmutende Dosen, die auf schwarzem Grund in Gold, Silber und Rot Szenen mit Kranichen, Mandarinen unter Pflaumenbäumen oder fächerschwingenden Hofdamen in Lustgärten zeigten. Ich entschied mich schließlich für eine offene Kombination aus Dosenformen und Teehandelshäusern, was größtmögliche Freiheit bedeutete, aber auch eine gewisse Unruhe mit sich brachte.

Die meisten von uns überbrühten ihren Tee in Netzen aus Baumwolle. Einige leisteten sich zwei Netze, das eine für pure, das andere für aromatisierte Tees. Den echten »Teafreak« erkannte man an einem dunkelbraun verkrusteten Netz, das in trockenem Zustand aus eigener Kraft im Regal stand. Es war jedes Mal eine schwere Entscheidung, sich ein frisches Netz zu kaufen, wenn es schließlich brach oder kaum mehr Wasser einließ: Ein neues Netz sah so aseptisch aus wie Verbandszeug. Außerdem nahmen wir an, dass ein durchgezogenes Netz für den Geschmack ebenso wichtig wäre wie die Patina der Kanne.

Auch wenn besagte Glaskannen auf dem Stövchen den Raum an langen Winterabenden mit einem unvergleichlich warmen Licht erfüllten, hatte ich doch zunehmend das Gefühl, dass sie dem Geist des Tees nicht recht angemessen seien, unter anderem deshalb, weil diese Patina auf einer keramischen Oberfläche oder gar in den englischen Silberkannen, die einige Glückliche bei einem holländischen Trödler erstanden hatten, etwas Altehrwürdiges ausstrahlte, ja, es schien, als würde sie den Lauf der Zeit selbst zum Ausdruck bringen.

Dagegen wirkte sie auf Glas wie gewöhnlicher Schmutz, der von meiner Mutter dann auch mit entsprechendem Abscheu kommentiert wurde.

In meinem Gocher Teeladen hatte ich ein Service aus Japan oder China entdeckt, eine Kanne mit geflochtenem Henkel und fünf Schalen, das ich unbedingt haben wollte. Auf dem cremeweiß glasierten Grund waren mit lockerem Pinselstrich rostrot-grün-grau schimmernde Bambuszweige gesetzt, ganz so, wie ich mir den Bambus des alten chinesischen Meisters vorstellte, von dem unser Kunstlehrer Franz-Joseph van der Grinten erzählt hatte: Eines Tages beauftragte der Kaiser den berühmtesten Maler seines Reiches mit dem Bild eines Bambus. Der Meister sagte zu, gab aber zu bedenken, dass er dafür mindestens ein Jahr benötige. Nach dessen Ablauf kam der Gesandte des Kaisers, um zu hören, wie es um den Bambus stehe. Er brauche ein weiteres Jahr, vertröstete ihn der Meister. Nicht anders im nächsten und im übernächsten … Erst mit Ablauf des fünften Jahres ließ der Meister dem Kaiser die Nachricht überbringen, der Bambus sei nun fertig. Als der Kaiser schließlich mitsamt Gefolge in der Werkstatt erschien, tauchte der Meister seinen Pinsel in die frisch angerührte Tusche und warf binnen weniger Augenblicke den Bambus aufs Blatt. Der Kaiser erbleichte und hätte womöglich eine drakonische Strafe verhängt, doch in diesem Moment öffnete der Meister seine Wandschränke, und Hunderte Bildrollen mit Bambuszweigen fielen heraus.

So sicher und lebendig wirkte auch der Bambus auf diesem Teeservice. Es kostete neunundvierzig Mark, und ich musste eine Weile sparen, bis ich es mir leisten konnte. Von da an bereitete ich meinen Tee so zu, wie es am besten war, nämlich indem ich ihn frei schwimmend in der Glaskanne ziehen ließ und dann durch ein Sieb in die vorgewärmte Keramikkanne abgoss. Wenig später überzeugte ich meinen Großvater, mir seine japanischen Schälchen zu schenken, da ich dringend ein zweites, dann auch ein drittes, viertes, fünftes Service benötigte, bis ich zumindest für die Tees mit besonders ausgeprägtem Aroma jeweils eigenes Geschirr hätte. Und erstmals dachte ich, dass ich statt Schallplatten oder Schmetterlingen eigentlich am liebsten asiatische Teekeramik sammeln würde.

Aus heutiger Sicht scheint es sonderbar, dass vierzehn-, fünfzehnjährige Jungs, die in ständige, teilweise brutale Auseinandersetzungen verwickelt waren, sich ernsthaft Gedanken über Teekannen machten, einander um Teegeschirr beneideten und für Nachlässigkeit bei der Teezubereitung verachteten.

Schaut man jedoch ins alte Japan, stellt man fest, dass es Generäle, Schwertmeister und Waffenhändler waren, die dort im Laufe des 16. Jahrhunderts die Teezeremonie aus dem Geist des Zen-Buddhismus heraus zum höchsten Ausdruck ästhetischer Überfeinerung machten. Feinde saßen vor der Schlacht ein letztes Mal beim Tee zusammen, wichtige Bündnisse und Vereinbarungen wurden beim Tee getroffen. Bevor sie den Teeraum betraten, legten die Samurai, unabhängig von Rang und Namen, ihre Schwerter ab, und solange die Zeremonie dauerte, herrschte absolute Friedenspflicht.

Zwar waren wir zu schlecht bewaffnet, um uns gegenseitig abzuschlachten, aber davon abgesehen hatte das Teetrinken in der geschlossenen Männerwelt des Internats ähnliche Funktionen wie in der des japanischen Kriegeradels: Ruhige Gespräche über die großen Fragen des Lebens, der Religion und der Kunst wurden beim Tee geführt. Wollte man eine länger anhaltende Fehde beenden, lud man seinen Gegner zum Tee ein, kaufte Kekse oder Honigkuchen und wählte mit besonderer Sorgfalt den Tee aus, der für den Friedensschluss passend war. Manchmal saßen wir beim Tee zusammen und schauten Bildbände von Rembrandt oder van Gogh an, mit demselben Ernst, wie die Samurai Rollbilder mit Landschaften oder Kalligrafien bei einer Schale Tee betrachtet hatten. Und anders als Bier oder Wein, mit denen wir wenig später endlose Diskussionen über Gott und die Welt in aberwitzige Umlaufbahnen katapultierten, ließ der Tee immer auch Raum für das Schweigen.

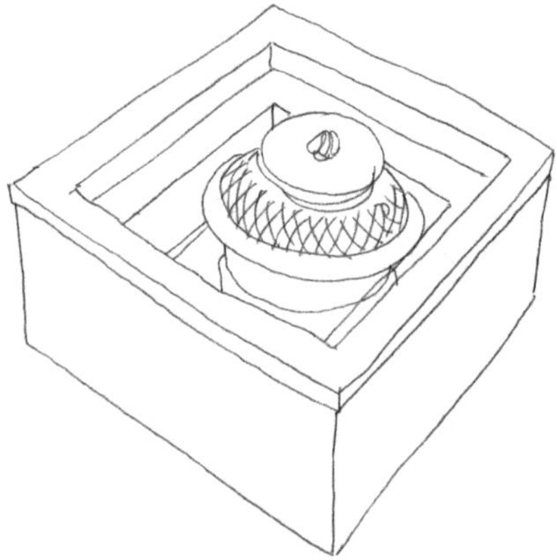

3. *Chanoyu – die japanische Teezeremonie*

Während der 80er-Jahre drohte nicht nur unablässig der Dritte Weltkrieg, es begann auch das *Zeitalter des Wassermanns*, das die spirituellen Grundlagen der Menschheit erneuern sollte. Zugleich schwappte die dritte oder vierte große Japanwelle des 20. Jahrhunderts über Europa und die USA. Abgesehen von den esoterischen Gründen war es wohl der Siegeszug der japanischen Unterhaltungselektronik, der im Westen das dringende Bedürfnis entstehen ließ, herauszufinden, welche kulturellen Wurzeln diese neue wirtschaftliche Supermacht hatte. Die Filme von Akira Kurosawa, *Kagemusha* und *Ran*, liefen in den größten Sälen der größten Kinos; die Fernsehserie *Shogun* mit Richard Chamberlain als Navigator John Blackthorne, der – angelehnt an die historische Gestalt des William Adams – um das Jahr 1600 Japan erreicht und dort schließlich dem Fürsten Toronaga als Berater gedient hatte, war einer der größten Erfolge des Jahrzehnts. Alte japanische Texte über Zen, Schwertkunst oder Bushidō, den Weg des Kriegers, wurden übersetzt oder neu aufgelegt. Wer sie las, war meist nicht über Nacht zum Hobbyanthropologen mutiert, sondern hoffte entweder auf die Verwirklichung persönlicher Erleuchtungsvisionen oder versprach sich strategische Vorteile an den globalen Verhandlungstischen, sobald er die Maximen der Samurai erst richtig verinnerlicht hätte. Aus der Perspektive des postchristlichen Abendlands zwischen New Age und Friedensbewegung erschien es damals ebenso verstörend wie faszinierend, dass man in Japan die strategische Entschlossenheit des Kriegers offenbar problemlos mit mönchischer Kontemplation und Selbstaufgabe vereinbarte. In einem Dokumentarfilm sah ich japanische Manager, die sich für ein oder zwei Jahre in einem der zahlreichen Klöster des Landes den härtesten Exerzitien unterwarfen, um dann mit geklärtem Geist ins Geschäftsleben zurückzukehren, so wie fünfhundert Jahre zuvor berühmte Generäle und Schwertmeister Zen praktiziert hatten, ehe sie ihre Feinde auf dem Schlachtfeld niedermetzelten.

Das halb verborgene geistige Zentrum dieser in eins fallenden Gegensätze bildete seit vierhundert Jahren *Chanoyu*, die sogenannte Teezeremonie. Im Verlauf des 15. und 16. Jahrhunderts wurde sie von den Teemeistern Murata Jukō (1423–1502), Takeno Jōō (1502–1555) und vor allem Sen no Rikyū (1522–1591) in ihre heutige Form gebracht und unter den drei bedeutendsten Heerführern dieser Epoche, Oda Nobunaga (1534–1582), Toyotomi Hideyoshi (1536–1598) und Tokugawa Ieyasu (1543–1616), die das zerrissene Land nach über hundert Jahren Bürgerkrieg vereinigten, zu einer Art japanischem Nationalritus erhoben.

»Tee – das ist der Weg des Kampfes ohne Schwert«, heißt es in Kei Kumais berühmtem Spielfilm *Tod eines Teemeisters* über das Leben und Sterben Sen no Rikyūs.

Auf der einen Seite klingt darin die aus allen spirituellen Traditionen vertraute Erkenntnis an, dass jeder Kampf in erster Linie ein Kampf gegen sich selbst ist, auf der anderen Seite haben tatsächlich Praxis und Erfahrungswirklichkeit der Samurai ihren ganz konkreten Niederschlag in der Teezeremonie gefunden. So sollen – je nach Teeschule – der Laut, mit dem der Griff der Bambuskelle auf die *Tatami*-Matte fällt, oder der trockene Knall, mit dem das seidene Reinigungstuch gestrafft wird, an den Ton erinnern, mit dem der Pfeil die Bogensehne verlässt; bestimmte Gesten, den Teespatel aufzunehmen und abzulegen, haben ihren Ursprung in Bewegungsabläufen der Schwertkunst. Die frühen Teemeister – so wird es zumindest überliefert – waren ohnehin der Auffassung, dass sich erst mit unverstelltem Blick auf den Tod der nötige Ernst für eine wahrhaft würdige Teezusammenkunft einstellen würde.

Ich bilde mir ein, dass mir diese Dinge schon während der letzten Internatsjahre, als meine Japanbegeisterung ihren ersten Höhepunkt erreicht hatte, zumindest ahnungsweise bewusst waren. Allerdings ist das Gedächtnis ein großer Lügner, der uns mühelos Bilder, die wir nie gesehen haben, als authentische Erinnerungen verkauft. So war ich zwei Jahrzehnte lang fest davon überzeugt, meine erste Teezeremonie während eines Heimfahrtswochenendes in einem der beiden Spielfilme über Sen no Rikyū gesehen zu haben. Dann musste ich feststellen, dass Kumais *Tod eines Teemeisters* ebenso wie *Rikyū* von Hiroshi Teshigahara erst 1990 in die deutschen Kinos gekommen waren. Die einzige Teezeremonie, die ich zu dieser Zeit gesehen haben kann, richtet Toda Buntaro, der Gefolgsmann Fürst Toronagas in *Shogun*, für seine Frau Mariko aus, um sie zur Versöhnung zu bewegen. Das Ganze ist sehr feierlich und von unendlicher Traurigkeit, denn Mariko liebt verbotenerweise John Blackthorne, und daran wird der Tee nichts ändern. Und auch wenn zahlreiche Dokumente der Edo-Zeit (1603–1868) belegen, dass sowohl Frauen der gehobenen Gesellschaft als auch Nonnen und Kurtisanen schon früh mit dem Teeweg vertraut waren, hätte ein bärbeißiger General seine untreue Gattin damals wohl kaum zum Beziehungsgespräch eingeladen, sondern ihr einfach den Kopf abgeschlagen. Doch in der nahezu frauenfreien Sphäre des Internats dürfte diese Variante meiner frisch entbrannten Teezeremoniebegeisterung zusätzlichen Schwung verliehen haben.

Von allen Riten rund um den Tee ist die *Chanoyu* sicher die erhabenste, um nicht zu sagen, sakralste Weise, ihn zuzubereiten, wobei sich auch hier die Geister scheiden: Für die einen ist sie eine spirituelle Übung, die schon durch das falsche Wort eines unbedarften Teilnehmers empfindlich gestört wird, für andere Anlass zu geselligem Beisammensein, wobei der Tee eine willkommene Gelegenheit bietet, gut zu essen und reichlich Sake zu trinken; für japanische Damen der gehobenen Gesellschaft mag sie eine Selbstvergewisserung bürgerlicher Etikette im Wandel der Zeiten darstellen. Geschäftseinladungen zum Tee laufen anders ab als Touristenvorführungen, ganz zu schweigen von einer *Chanoyu* für den Tenno durch den hoch angesehenen Großmeister einer traditionellen Teeschule.

Im Gegensatz zu den meisten heute verbreiteten Zubereitungen werden in der Teezeremonie keine Teeblätter überbrüht und abgeseiht, sondern der Teemeister – beziehungsweise wer immer Lust dazu hat – verschlägt staubfein gemahlenes Pulver aus besten Qualitäten spezieller Grünteesorten mit einem Bambusschneebesen in einer Keramikschale von der Größe zweier zusammengeführter Hände zu einer Art Suspension.

Auch diese Methode entstand ursprünglich in China und wurde ab Mitte des 12. Jahrhunderts von japanischen Zen-Mönchen übernommen, die mithilfe der anregenden Wirkung des Tees während ihrer nächtelangen Meditationssitzungen die Müdigkeit in Schach halten wollten. Passend dazu wurde eine für die Ohren sensibler Gemüter gewöhnungsbedürftige Legende über die Entstehung der Teepflanze überliefert: Bodhidharma (ca. 440 – ca. 528), dem indisch-tamilischen Prinzen, der sowohl als Begründer des Chan- bzw. Zen-Buddhismus als auch des Shaolin-Kung-Fu gilt – und damit der gesamten ostasiatischen Kampfkunsttradition –, fielen immer wieder die Augen zu, während er in einer seiner zahlreichen Langzeitmeditationen vor der Felswand saß. Schließlich riss oder schnitt er sich aus lauter Zorn über sich selbst seine Lider ab und schleuderte sie auf den Boden. Daraus wuchsen über Nacht die ersten beiden Teesträucher, wie man unschwer an der lidförmigen Gestalt der Blätter erkennen kann. Mithilfe des Tees fiel es Bodhidharmas Schülern und Nachfolgern dann deutlich leichter, sich während der Meditation wach zu halten.

Auch außerhalb der Klöster entwickelte sich im Japan des 14. und 15. Jahrhunderts vor allem in der Kriegerkaste und den höfischen Kreisen der Ashikaga-Shogune eine reiche Teekultur. Viele Adelige beschäftigten eigene Teemeister, die exklusive Gesellschaften mit Musik, Gedichtwettbewerben, Tanz und erlesenen Speisen rund um den Tee ausrichteten. Die Mode dieser Zeit bevorzugte chinesische Tonkeramiken der Tang- (618–907) und der Song-Dynastie (960–1279) sowie feinste Porzellane und Lackarbeiten, und so boten die Teezusammenkünfte den Begüterten zugleich Gelegenheit, sich jeweils ihre neuesten Importe und Erwerbungen zu präsentieren.

Daneben gab es jedoch auch immer Tendenzen, den Tee aus diesen überfeinert luxuriösen Kontexten herauszulösen und auf eine im weitesten Sinne spirituelle Ebene zu heben.

Der bereits erwähnte Teemeister Murata Jukō, ein Mann aus einfachen Verhältnissen, gilt in diesem Zusammenhang als der herausragende Neuerer des 15. Jahrhunderts. Im Alter von dreißig Jahren entschied er sich nach zehnjähriger Wanderschaft, zum zweiten Mal als Mönch in einen Zen-Tempel einzutreten, und wurde Schüler des vielleicht exzentrischsten Meisters des alten Japan, Ikkyū Sōjun (1394–1481), der nicht nur eine der herausragenden Gestalten in der Geschichte des Zen war, sondern zugleich Dichter, Maler, Kalligraf und Anreger in nahezu allen künstlerischen Bereichen. Zeitlebens befand er sich in heftigen Auseinandersetzungen mit dem klerikalen Establishment der staatstragenden Klöster, provozierte, indem er einerseits Saturiertheit und geistige Erstarrung der Mönche attackierte, andererseits in seinen Gedichten erotische oder saketrunkene Ekstasen als der Meditation und Askese gleichrangige Wege zur Erleuchtung pries.

Ikkyū, der selbst eine zeremonielle Form der Teezubereitung praktizierte, ermutigte und unterstützte Jukō nachdrücklich bei dessen Neuausrichtung des Teewegs aus dem Geist des Zen. Statt einer formellen Erleuchtungsurkunde übergab er ihm eine dreihundert Jahre alte chinesische *Bokuseki* (Tuschespur) genannte Kalligrafie, die Jukō fortan anstelle der bis dahin üblichen Landschaftsmalereien in der Bildnische des Teeraums aufhängte. Daneben schaffte Jukō auch eine Reihe überflüssiger Möbel und Einrichtungsgegenstände ab und machte so aus einem »Studierzimmer«, in dem auch Tee zubereitet wurde, einen reinen Teeraum. Jukōs wohl einschneidendste Neuerung bestand darin, dass er neben den chinesischen Gefäßen auch die grob gearbeiteten Keramiken aus den *Die sechs alten Öfen* genannten heimischen Produktionsstätten verwendete. Diesen Schalen, Vasen, Wassertöpfen fehlte jede Form höfischer Eleganz – im Gegenteil, sie verkörperten einen geradezu archaischen Ausdruck und veränderten im Zusammenspiel mit der *Tuschespur* die Atmosphäre im Teeraum von Grund auf. Fortan war die Teezubereitung nicht länger ein Akt ziselierter Feingeisterei, sondern ein existenzieller Vorgang im Spannungsfeld der elementaren Kräfte, die sich in den von der Urgewalt des Feuers verformten Gefäßen ebenso manifestierten wie in der Wucht der Pinselschläge auf dem Papier.

Takeno Jōō, der nächste Großmeister auf dem Weg zur *Chanoyu* in ihrer heutigen Form, stammte aus einer reichen Händlerfamilie, fühlte sich jedoch früh eher zur Dichtkunst als zum Geschäftsleben hingezogen. Später wandte er sich als Laienschüler ebenfalls dem Zen zu. Sein vielleicht wichtigster Beitrag zur Weiterentwicklung des Tees bestand darin, dass er statt eines Raums in einem bestehenden Haus eine spezielle Teehütte errichtete und ringsum einen Garten samt Pfad anlegte. Diese Hütte orientierte sich an den ästhetischen Idealen gebildeter Einsiedler, die sich nach einer aktiven Laufbahn als Samurai oder Staatsdiener in die Berge zurückzogen, um ein bescheidenes Leben in sinnender Betrachtung zu führen. Seine »Berghütte inmitten der Stadt« sollte tiefe Kontemplation umgeben von pulsierender Aktivität ermöglichen. Auch bei der Auswahl der von ihm benutzten Gegenstände ging Jōō noch einen Schritt weiter als Jukō. So fertigte er eigenhändig schlichte Untersetzer und Wasserbehälter aus Bambus oder Holz an, denen bewusst jede dekorative Kunsthaftigkeit abging. In den zwölf Grundregeln für den Teeweg, die er seinen Schülern hinterließ, spielen denn auch die beiden Begriffe *Wabi* und *Sabi* eine wichtige Rolle, die bis heute als zentrale Konzepte japanischer Ästhetik gelten. Beide sind schwer zu übersetzen, da sie sich in einem Bereich des sehr konkret Vagen bewegen, den es eigentlich gar nicht geben kann. Dabei bezeichnet *Wabi* eher den Aspekt der seelischen Gestimmtheit: eine verhaltene Melancholie angesichts der umfassenden Vergänglichkeit von allem, was da ist, die jedoch nicht in Verzweiflung umschlägt, sondern zu einer ruhigen Akzeptanz gelangt ist. Diese Akzeptanz kommt unter anderem dadurch zustande, dass mit entsprechend verändertem Blick auf die Dinge gerade die sichtbaren Spuren der Vergänglichkeit ihre eigene Schönheit entfalten. So sind die Farben des Herbstlaubs, selbst wenn sie vom Sterben der Blätter erzählen, von derart vielschichtigem Reiz, dass sie im Betrachter eine ganz andere Gedankentiefe hervorrufen, als es ein frisch-grüner Frühlingswald vermag. Der Begriff *Sabi* bezeichnet dementsprechend die Konkretisierung dieses Ausdruckswertes in einem bestimmten Gegenstand: Ein von eingesickertem Tee nachgedunkelter Riss in einer alten Schale kann ebenso *Sabi* sein wie der Fleck Grünspan auf einer kupfernen Schüssel oder ein Stück Treibholz mit einer rostigen Schraube darin. Neben den ästhetischen Reizen, die all diesen Spuren der Verwandlung tatsächlich eigen sind, steht auch der Gedanke, dass die Beschädigung und das Unvollkommene durch den Anflug von Schmerz, den sie verursachen, das Ideal des Vollkommenen auf viel stärkere Weise im Betrachter hervorrufen, als es ein perfektes Ding mit seiner glatten Oberfläche je könnte.

Um das Jahr 1574 nahm der mächtige Heerführer Oda Nobunaga Takeno Jōōs ehemaligen Schüler Sen no Rikyū als Teemeister in seine Dienste. Nobunaga schätzte und förderte den Teeweg, sah darin jedoch nicht in erster Line eine Möglichkeit des künstlerischen Selbstausdrucks edler Geistesmenschen, sondern instrumentalisierte ihn gezielt für politische und diplomatische Zwecke. Keinem seiner Generäle war es erlaubt, ohne ausdrückliche Erlaubnis Teezeremonien durchzuführen. Die Erteilung dieser Erlaubnis, verbunden mit kostbarem Teegerät als Geschenk, war die höchste Auszeichnung für verdiente Männer in seinem Gefolge. Doch erst nach Nobunagas erzwungenem Selbstmord wurde Rikyū unter dessen Nachfolger Toyotomi Hideyoshi zur wichtigsten Instanz seiner Zeit in allen ästhetisch-künstlerischen Fragen. Er fungierte außerdem als politischer Berater, Sammlungspfleger und Eventmanager und war wohl zumindest eine Zeit lang für Hideyoshi so etwas wie ein Freund – wenn ein japanischer General dieser Zeit denn in der Lage gewesen ist, mit irgendjemandem Freundschaft zu pflegen.

Hideyoshi selbst hatte sich vom einfachen Soldaten zum mächtigsten Kriegsherrn hochgekämpft, und vielleicht war der Eifer, mit dem er sich unter Rikyūs Anleitung dem Tee widmete, auch der Versuch, sich und den Angehörigen der alten Adelsgeschlechter in seinem Umfeld zu beweisen, dass er mehr war als ein rabiater Emporkömmling. Aus heutiger Sicht wird man seinen Auftrag an Rikyū, einen vollständig vergoldeten Teeraum mit Gerätschaften aus purem Gold herzustellen, ebenso als Beweis vulgären Geschmacks deuten wie seinen Befehl im Herbst 1578, alle Teemenschen des Reiches hätten sich zur größten Teezusammenkunft aller Zeiten beim Kitano-Schrein einzufinden. Doch daneben muss er eben auch in der Lage gewesen sein, sich über Jahre mit der Entwicklung und dem Ausdruck neuer keramischer Formen auseinanderzusetzen oder sich ernsthaft Gedanken über das rechte Arrangement einer Handvoll Pflaumenblüten zu machen. Vielleicht war es gerade dieses Wechselspiel von Hideyoshis ungestümer Begeisterung, gepaart mit rücksichtslosem Durchsetzungswillen, und Rikyūs heiklem Balanceakt zwischen Dienstbarkeit und Eigensinn, das dem Teeweg seine abgründige Vielschichtigkeit eingeschrieben hat, sodass bis heute immer wieder neue Herangehensweisen möglich sind, die seine Erstarrung in kleinteiligen Regelwerken unterlaufen.

Es ist viel darüber spekuliert worden, was letztendlich der Grund für das tödliche Zerwürfnis Toyotomi Hideyoshis mit seinem Teemeister war. In vielen Darstellungen erscheint er als unberechenbarer Machtmensch, der auf den geistigen Führungsanspruch Rikyūs, selbst wenn er sich auf den Teeraum beschränkte, am Ende mit dessen Vernichtung reagieren musste. Darüber hinaus wurde über wirtschaftliche Interessenkonflikte, politische Meinungsverschiedenheiten und höfische Intrigen spekuliert, bis hin zu der Mutmaßung, dass Rikyū Hideyoshi gezielt provoziert haben könnte, um genau dieses Urteil zu erzwingen: Da Rikyū nicht zur Kriegerkaste gehörte, war der *Seppuku*, der ehrenvolle, rituelle Selbstmord, seine einzige Möglichkeit, einen letzten, vollkommenen Tee im Angesicht des Todes zuzubereiten. Ganz gleich, welche Deutungsvariante man bevorzugt, die Geschichte bleibt voller Ungereimtheiten, und vielleicht ist in Wirklichkeit alles ganz anders gewesen.

Dass der Tee nicht einfach ein harmloses Freizeitvergnügen für Besserverdienende war, zeigt sich auch darin, dass noch vor Sen no Rikyū sein Schüler Yamanoue Sōji (1544–1590) eines gewaltsamen Todes gestorben war und sein späterer Nachfolger, Furuta Oribe (1544–1615), ebenfalls Selbstmord begehen musste.

Oribe, selbst mächtiger Heerführer und *Daimyō*, gab dem Teeweg unter anderem über den von ihm geprägten keramischen Stil eine neue Richtung: Statt des an Zurückgenommenheit und Stille orientierten Ausdrucks, der das Teegerät unter seinen Vorgängern bestimmt hatte, bevorzugte er expressiv deformierte Teeschalen mit kontrastreicher Bemalung, die teilweise die Bildsprache der Moderne vorwegzunehmen scheinen. Darüber hinaus ist er einer von mindestens drei Christen unter den sieben wichtigsten Schülern Rikyūs gewesen.

Ob das Christentum Einfluss auf Form und Geistigkeit der *Chanoyu* genommen hat und, wenn ja, welchen, bleibt ebenfalls im Bereich der Mutmaßungen. Fest steht, dass portugiesische Missionare und Händler sich, wenn sie gerade nicht mit der Verbreitung des Gottesworts befasst waren, nach Kräften in die japanische Innenpolitik des 16. Jahrhunderts einmischten. Vor allem durch den Verkauf der in Japan bis dahin unbekannten Schusswaffen an Oda Nobunaga dürften sie einigen Anteil am Ausgang des Bürgerkriegs gehabt haben. Nobunaga unterstützte Vasallen, die sich taufen ließen, unter anderem deshalb, weil er sich dadurch eine Stärkung im Kampf gegen die kriegerischen buddhistischen Klosterstaaten erhoffte. Insofern scheint es durchaus vorstellbar, dass die in Japan verbreitete Offenheit für religiöse Mischformen und Mehrfachidentitäten es den frisch bekehrten Christen zumindest anfangs leicht gemacht hat, eine innere Verwandtschaft zwischen der Eucharistie und dem Tee zu erkennen. Schließlich sind beide Riten, unabhängig von ihrem Geheimnisgehalt, auch als durchgeformte multimediale Performanceakte einer spirituellen Mahlgemeinschaft lesbar, und die Tatsache, dass einige bedeutende Teeschalen aus dieser Zeit Kreuzzeichen als Dekor tragen, lässt zumindest vermuten, dass die christlichen Teemenschen einen solchen Zusammenhang gesehen haben.

Mir jedenfalls schien gegen Ende der Internatsjahre, als ich mich längst vom Alleinseligmachungsanspruch des Katholizismus verabschiedet hatte, die Teezeremonie das perfekte Ritual einer metakonfessionellen Kunstreligion zu sein, der ich sehr gern angehört hätte. Das allerdings lag in unvorstellbar weiter Ferne. In keinem Teegeschäft, das ich zu dieser Zeit aufsuchte, hätte jemand gewusst, wo Matcha zu beschaffen gewesen wäre, abgesehen davon, dass eine *Chawan*, die Teeschale, die ich dafür benötigt hätte, in die Kategorie herausgehobener, ja verehrungswürdiger Gegenstände gehörte, die für einen jungen Mann am Niederrhein damals vollkommen unerreichbar waren, selbst wenn er es zu Vermögen gebracht hätte.

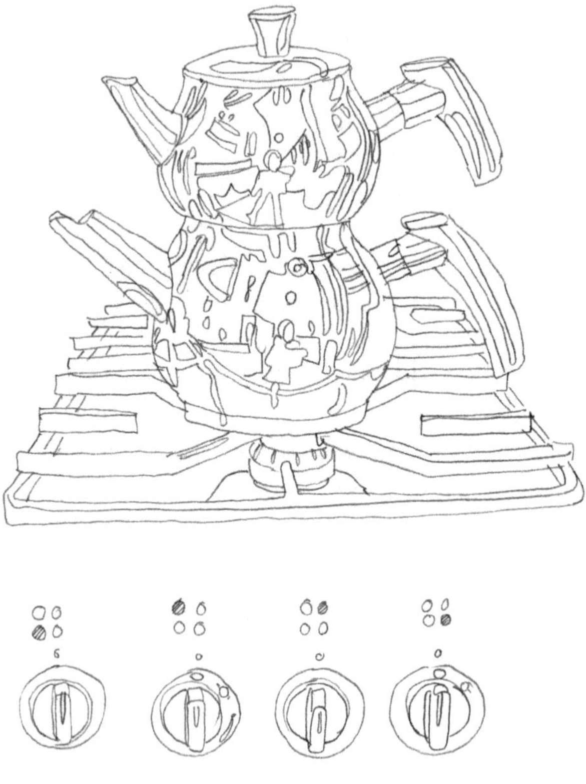

4. *Tee im Orient*

Das Jahr 1993 brachte mit zwei im Grunde wenig spektakulären Ereignissen einschneidende und bis heute nachwirkende Veränderungen in mein Leben: Ich entdeckte in einer rustikalen Mainzer Waldschenke samt Hirschgeweih und Kleppergarde-Funktionären das japanische Restaurant Kappa, geführt von einer Samurai-Tochter und einem rheinhessischen Alleskönner, aß dort zum ersten Mal japanisch und trank zum ersten Mal wirklich guten japanischen Tee ...

Und ich flog zum ersten Mal nach Kairo. Während Essen und Tee im Kappa so etwas wie die kulinarisch perfekte, darüber hinaus absurd komische Erfüllung japonistischer Wunschfantasien waren, geschah in Ägypten das Gegenteil: All meine schönen, abendländischen Vorurteile über den Islam als archaische Stammesreligion, aggressive Männer und geknechtete Frauen, die in einem Klima von Hoffnungslosigkeit und Erstarrung ein armseliges Dasein fristeten, zerbröselten. In der Folge stürzte meine eben erst zusammengezimmerte Weltordnung zwischen Orient und Okzident, Religion und Aufklärung, Tradition und Moderne in sich zusammen, und das, obwohl zu dieser Zeit in Teilen Ägyptens bürgerkriegsartige Zustände herrschten. Anschläge auf Touristenzüge und Sehenswürdigkeiten waren an der

Tagesordnung. Wenige Wochen zuvor hatte eine Bombenexplosion in einem beliebten Café am Tahrir-Platz mehrere Ausländer getötet. Am liebsten hätten wir die Reise kurzfristig abgesagt, doch meine Schwägerin und ihr ägyptischer Mann, die mit ihren Kindern seit drei Jahren dort lebten, hatten uns immer wieder versichert, dass vor Ort alles nicht halb so schlimm sei, wie Fernsehen und Zeitungen es darstellten. Auch wenn wir es ihnen nicht geglaubt haben, standen wir dann zwei Wochen vor Ostern doch auf der Gangway einer EgyptAir-Maschine im Wüstenwind. Feiner Sandstaub legte sich wie Puder auf Gesicht und Hände, und ich war im selben Moment ohne jeden vernünftigen Grund ganz sicher, dass mir hier absolut nichts passieren konnte.

Nach einer langen Fahrt zwischen Jettas, Minibussen, Eselskarren und Polizeifahrzeugen durch die nächtliche Stadt erreichten wir gegen Mitternacht die Wohnung der Schwägerin und ihrer Familie, wo Nana Efat, die ägyptische Großmutter, und weitere Verwandte auf uns warteten. Das Erste, was noch während überschwänglicher Begrüßungen und Gastgeschenkübergaben angeboten wurde, war natürlich Tee. Ich hätte nach der anstrengenden Reise und zur allgemeinen Lockerung ein Glas Wein oder Bier vorgezogen, doch es war einfach niemandem eingefallen, dass überhaupt ein Bedarf daran bestehen könnte.

In meiner trügerischen Erinnerung brachte die kleine und rundliche Nana Efat ein großes Messingtablett herein, auf dem viele Gläser mit sehr dunklem Tee standen – nicht die tulpenförmigen, die in der Türkei beliebt sind, auch nicht die schmalen, ornamentgeschmückten aus Marokko, eher normale, halbhohe Wassergläser –, außerdem eine Zuckerdose und ein Schälchen frischer Minzzweige, die so anders rochen als die muffige Variante vom Gartenteich zu Hause am Niederrhein. Der Reihe nach lachte die Nana jeden an, fragte etwas auf Arabisch, wissend, dass wir sie nicht verstanden. – »Wie viel Zucker?«, übersetzte die Schwägerin. »Wahed« – »Eins«, sagte ich, wie ich es im Volkshochschulkurs gelernt hatte, und streckte dazu meinen Zeigefinger aus. Dass diese Geste hier in Ägypten auch als Bekenntnis für die absolute Einheit Gottes gelesen werden konnte, lernte ich erst viele Jahre später. Abgesehen davon wäre sowieso keiner der anwesenden Ägypter auf die Idee gekommen, dass es sich bei meiner Lautäußerung um ein arabisches Zahlwort gehandelt haben könnte, zumal nach ägyptischem Verständnis mindestens die doppelte Menge Zucker nötig gewesen wäre, um den Tee genießbar zu machen.

Der Tee war kräftig, aber doch längst nicht so bitter wie eine Ostfriesenmischung, die ich überdosiert oder zu lange hätte ziehen lassen. Offenbar schien hier auch niemand Sorge zu haben, dass dessen Genuss nach Mitternacht ihm den Schlaf rauben könnte. Im Gegenteil, während wir uns in englisch-arabisch-deutschem Kauderwelsch über die Gesundheit der Eltern, berufliche Sorgen von Onkeln und Tanten unterhielten, die zu erwartenden Temperaturen besprachen, Sehenswürdigkeiten, die Schönheit Ägyptens ganz allgemein und den Präsidenten, der ein Esel war, gab es immer neue

Runden Tee. Irgendwann klopfte es, und eine Nachbarin trug eine Schüssel herein, gefüllt mit frisch ausgebackenen Minikrapfen, woraufhin wiederum neuer Tee gekocht wurde. In Deutschland wäre es mir von derart großen Mengen speiübel geworden, und nach spätestens einem Liter hätten meine Hände angefangen zu zittern, hier jedoch spürte ich nur eine angenehm belebende Wirkung.

Mir schoss die Frage durch den Kopf, wann ich zuletzt bei einer mitternächtlichen Zusammenkunft erwachsener Menschen gewesen war, von denen keiner auch nur einen Schluck Alkohol getrunken hatte. Zu Hause hätte mich allein die Vorstellung in die Flucht getrieben. Tatsächlich war meine Teeleidenschaft, seit ich angefangen hatte, an der Karlsruher Kunstakademie zu studieren, zunehmend von der Begeisterung für Bier, Wein und alle Arten Schnäpse in den Hintergrund gedrängt worden.

Am nächsten Morgen stellte ich fest, dass sogar meine Nichten und Neffen – damals drei, sieben und neun Jahre alt – zum Frühstück Tee mit Milch, *Chai wa laban*, bekamen. Die Schwägerin hatte sich mit großer Begeisterung in die ägyptischen Verhältnisse integriert, bemerkte dann den besorgt-kritischen Blick ihrer Schwester und erklärte wortreich, das sei hier absolut üblich.

In den folgenden Wochen trank ich mehr Tee als in den wildesten Internatsjahren. Er war der Treibstoff, der die immer neuen – entgegen meinen Vorstellungen vom hermetischen, fundamental-islamisch dominierten Meinungsblock – extrem kontroversen Diskussionen über die Notwendigkeit des politischen Wandels und die Möglichkeiten seiner Durchsetzung in Ägypten knapp zwanzig Jahre vor dem Sturz Mubaraks befeuerte. Es wurde ebenso über die Frage nach der Rolle des Islam in einer neuen politischen Ära gestritten wie über die welthistorische Einordnung des eben zu Ende gegangenen ersten Irakkriegs, die Rolle der Frau und die richtige Art, Auberginen zu marinieren. Abgesehen von Letzterem, über das ich damals wirklich gar nichts wusste, stellte ich mehr und mehr fest, dass hier, jenseits des mir geläufigen Meinungsspektrums von ganz links bis ganz rechts, bürgerlich-konservativ bis anarchistisch-libertinär, völlig andere Möglichkeiten weltanschaulicher Standortbestimmung existierten. Doch ganz gleich, wie heftig der Streit wurde, jedes Mal beruhigte die nächste Runde Tee für einen Moment die Gemüter. Sobald alle stumm ihre Gläser an die Lippen setzten, wich für einen Moment die Hitze aus den Gedanken.

Es ist schwer zu beschreiben, worin sich Geschmack, Gehalt und Charakter des schwarzen Tees in Ägypten und anderen Ländern des Orients von dem unterscheiden, wie er bei uns zubereitet wird, unabhängig davon, wie viel Sorgfalt jemand verwendet und wie erstklassig die Qualität der aufgegossenen Blätter ist. Westliche Liebhaber sortenreiner Gartentees werden an dem, was sie in Ägypten oder der Türkei serviert bekommen, ohnehin keine rechte Freude haben. Ich jedenfalls war ziemlich enttäuscht, als ich nach einigen Tagen in die Küche ging und feststellte, dass es sich bei dem unglaublich angenehmen und wohlschmeckenden Tee, den Nana Efat und die anderen Frauen in dünnwandigen Blechkannen kochten, um billigste Kiloware aus dem Supermarkt handelte. *Chai La'aroussa* hieß die Marke, was so viel wie »Tee der Puppe« bedeutete. Auf die gelb-rote Packung war eine Puppenfigur gedruckt, die an eine taillierte Variante der russischen Matrjoschkas erinnerte. Vielleicht hatte der Name auch ursprünglich gar nichts mit Puppen zu tun gehabt, sondern es handelte sich schlicht um eine Verballhornung von »russischem Tee«. Es war die beliebteste Marke neben *Chai Lipton*, der Exportmischung für den Orient des bekannten englischen Handelshauses, das ich als Jugendlicher für seine minderwertige Qualität verachtet hatte. Dass eine englische Firma beträchtliche Teile des ägyptischen Teemarkts beherrschte, schien mir aber auch jetzt noch eine spätkolonialistische Zumutung zu sein, und ich wunderte mich, dass die Leute trotzdem darauf hereinfielen. Beide Marken dominierten neben den Teetischen auch die Fernsehwerbung – mit weitem Abstand vor Insektenvernichtern und Putzmitteln. Da eigentlich immer irgendwo ein Fernseher lief, hörte ich den albernen Jingle von *Chai La'aroussa* zu jedem zweiten Tee. In trockenem Zustand waren die Teebrösel kaum größer als gerebelter Majoran, auch das deutete – jedenfalls aus der Perspektive des westlichen Connaisseurs – auf minderwertige Ware hin. Dem stand jedoch die Tatsache entgegen, dass der Tee ein bei aller Stärke ausgewogenes Aroma hatte, ohne das Muffige, das manchen englischen Mischungen eigen ist, oder die spitzen Obertöne, die mittelmäßige Darjeelings oft unangenehm machen.

Bei meinem nächsten Ägypten-Aufenthalt kaufte ich ein ganzes Kilo *Chai La'aroussa* und erstand auch eine dieser billigen Blechkannen, die schon damals die Prägemarke »Made in China« trugen. Ich hätte gern eine schöne, handgearbeitete Messing- oder Kupferkanne mitgenommen, aber alle Verwandten und Bekannten versicherten mir, dieses Blechding sei genau das Richtige, um original ägyptischen Tee zuzubereiten.

Zu Hause stellte sich allerdings heraus, dass es mit dieser Kanne mühselig und extrem energieintensiv war, Wasser auf dem Elektroherd zum Kochen zu bringen. Der Boden hatte eine leichte Beule, sodass sich die Kanne wie ein Kreisel auf der Platte drehen ließ, abgesehen davon war auch die kleinste Platte noch zu groß. Also erhitzte ich bei meinen nächsten Versuchen das Wasser wieder im bewährten Emaillekessel und überbrühte den Tee in der Blechkanne, ganz so, wie ich es bei einem normalen Assam oder Ceylon gemacht hätte. Als ich ihn nach gut vier Minuten durch ein Teesieb abgoss, stellte ich fest, dass das Sieb für diese Art Tee viel zu grobmaschig war und mengenweise Krümel in meiner Tasse schwammen. Abgesehen von dem unangenehmen Gefühl im Mund, schmeckte der Tee auch völlig anders als in Kairo, war von trüber Konsistenz, und auf der Oberfläche schimmerten Schlieren. Ich kaufte ein neues Sieb, das weniger Blattreste durchließ, versuchte andere Dosierungen und Ziehzeiten, brachte aber nie etwas zustande, das auch nur annähernd an den wunderbaren Tee heranreichte, den ich in Kairo getrunken hatte. Schließlich kehrte ich, wenn ich kräftigen Schwarztee trinken wollte, zum bewährten Ceylon von Twinings zurück. Die neuneinhalb 100-Gramm-Päckchen *Chai La'aroussa* staubten fortan im Vorratsregal ein, so wie einst die Ostfriesenmischung im Schrank meiner Mutter. Irgendwann warf ich sie im Rahmen einer großen Kücheninventur mit schlechtem Gewissen weg, und schließlich wurde auch die Blechkanne aussortiert.

Meine ägyptische Schwiegerfamilie zog aus beruflichen Gründen nach Deutschland zurück, sodass es gut fünfzehn Jahre dauerte, ehe ich das nächste Mal in Kairo aus einem Flugzeug stieg. Tatsächlich freute ich mich unter anderem auf den ägyptischen Tee, doch in der Zwischenzeit hatte sich mit dem Sturz Mubaraks und der Wahl des Moslembruders Mohammed Mursi zum Präsidenten nicht nur politisch viel verändert – auch die Teezubereitung war nicht mehr die gleiche. In den meisten Teehäusern bekam ich jetzt ein Glas hingestellt, in dem ein Beutel *Chai Lipton* schwamm, um den ich mich selber kümmern musste. Wenn ich ihn herauszog, fand sich darin dieselbe trübe Brühe wie zu Hause, ehe ich mich zur Anschaffung eines Wasserfilters durchgerungen hatte. Der Tiefpunkt war erreicht, als ich im berühmten Kairoer Café Groppi einen *Chai bil Nana* – eigentlich Tee mit frischer Minze – bestellte und ein Glas heißes Wasser gebracht bekam, neben dem ein Beutel Schwarztee und ein Beutel Pfefferminztee lagen.

Ich könnte jetzt eine lange Klage über zivilisatorische Niedergänge im Namen des Fortschritts anstimmen – sie wäre ebenso billig wie sinnlos. Auch in Ägypten ist die Zeit knapper geworden, selbst wenn sie noch immer nicht ganz so knapp ist wie bei uns. Sowohl Männer als auch Frauen müssen immer mehr von ihr aufwenden, um hinreichend Geld zum Überleben zu verdienen. Da ist alles recht, was den Alltag erleichtert und Abläufe im Haushalt beschleunigt. So wie meine Mutter damals Anfang der 1970er-Jahre das Tee-Ei aussortiert hat, um sich selbst von einer weiteren Hausfrauentätigkeit zu befreien und der Zukunft in Gestalt des *Doppelkammerbeutels* zum Durchbruch zu verhelfen, sparen jetzt auch die ägyptischen Frauen und Cafébesitzer Zeit und Arbeit und spüren dabei den vorwärtsdrängenden Pulsschlag der Moderne, bis irgendwann in zwanzig oder fünfundzwanzig Jahren retroavantgardistische Nil-Hipster die gute alte Zeit wiederentdecken und ihre hochbetagten Urgroßmütter fragen werden, wie sie das denn damals gemacht haben mit dem Tee.

Tatsächlich ist die Zubereitung eines traditionellen ägyptischen Tees anders und auch ein bisschen aufwendiger als die bei uns übliche Art, Teeblätter in einem Sieb, Netz, Papiersäckchen oder frei schwimmend in der Kanne zu übergießen. Ich habe bei einem Ägyptenbesuch im vergangenen Jahr einige Freundinnen gefragt, wie man denn einen wirklich guten ägyptischen Tee kocht, und mir dann aus alter Anhänglichkeit ein Paket *Chai La'aroussa* mit nach Berlin genommen. Eine neue, echt chinesische Blechkanne fand ich in einem türkischen Haushaltswarengeschäft in Kreuzberg. Obwohl Blech und Glas als Materialien im Prinzip allem widersprechen, was ich aus den ostasiatischen Teekulturen kenne, schien es mir in diesem Fall – nicht zuletzt aus

Gründen der Authentizität – trotz aller Vorbehalte richtig, sie zu verwenden. Auf dem Gasherd, den ich heute habe, ist es zum Glück keine große Sache, darin einen Liter Wasser zum Kochen zu bringen.

Wie bei allen Kochvorgängen, ganz gleich, ob es sich um Tee oder Gulasch handelt, gibt es auch bei der ägyptischen Teezubereitung unterschiedliche Traditionen und Eigenarten. Einmal war ich bei einem Sammeltaxifahrer eingeladen, der mit seinem gesamten Familienklan, einschließlich Hühnern auf dem Dachboden, ein Haus in einem relativ ärmlichen Viertel bewohnte. Nach dem Essen bereitete sein alter Vater den Tee zu, auf einem kleinen Gaskocher mit zwei verschiedenen Kannen, aus denen er das halb fertige, schaumige Gebräu immer wieder in langem, gebogenem Strahl hin- und hergoss, dazwischen jeweils erneut aufkochte, frisches Wasser, Zucker und was weiß ich sonst noch hinzufügte … Insgesamt benötigte er mindestens fünfundzwanzig Minuten, doch der Tee, den ich schließlich in einem sehr kleinen Gläschen gereicht bekam, hatte eine Intensität und Würze, wie ich sie nie zuvor und auch danach nicht wieder geschmeckt habe. Doch bis ich allein die Schütttechnik des alten Mannes im Zusammenspiel mit dem wackligen Gaskocher sicher im Griff hätte, würde ich wahrscheinlich ein halbes Dutzend Mal wegen mittelschwerer Brandverletzungen in der Notaufnahme des hiesigen Krankenhauses landen, sodass ich wohl darauf verzichten werde, diese ohne Zweifel vom Aussterben bedrohte Tee-Tradition in die Zukunft zu retten.

Meine Freundin Heba beschrieb mir die »haushaltsübliche« Zubereitung des *Chai al barad* (Tee aus der Kanne) folgendermaßen, wobei die Mengenangaben je nach persönlichem Geschmack, Magenstabilität, Tageszeit und Koffeinverträglichkeit variieren können: In der Blechkanne wird ein Liter Wasser erhitzt. Sobald es kocht, kommen anderthalb Löffel Tee pro Glas hinein, in diesem Fall also etwa sechs Löffel – gestrichen oder gehäuft, das liegt wieder im persönlichen Ermessen: Ich nehme mittelgehäufte Löffel. Jetzt sollte das Ganze einmal richtig kochen, vielleicht zehn oder fünfzehn Sekunden lang. Dann schalte ich die Flamme aus und warte, bis der Tee zu Boden gesunken ist. Wenn es eine Sorte ist, deren Blätter nicht dazu neigen, sich abzusetzen, warte ich zwei oder drei Minuten, ehe ich den Tee durch ein feines Sieb entweder gleich in Gläser oder in eine mit heißem Wasser ausgeschwenkte Kanne gieße. So machen sie es in Hebas Familie. Sie wies mich aber ausdrücklich darauf hin, dass sie auch Leute kenne, die den Tee gleich zu Anfang in die Kanne geben und dann mit dem Wasser zum Kochen bringen. Ich habe beides ausprobiert, mir persönlich ist die zweite Variante dann doch zu stark – wobei sie für Liebhaber von Tee mit Milch genau richtig sein dürfte.

Sowieso muss ich gestehen, dass ich »orientalischen« Tee, seit ich im vergangenen Jahr vier Monate in Istanbul verbracht habe, meist auf türkische Art zubereite.

Traditionell spielt der Tee in der Türkei eine ähnliche Rolle wie in Ägypten, wobei zumindest in Istanbul reine Teerunden deutlich seltener sind als in Kairo.

Dieser Eindruck kann aber auch daher rühren, dass ich in Istanbul häufiger mit stark westlich orientierten Leuten zu tun habe. Doch selbst auf den Schiffen des öffentlichen Nahverkehrs, die auf dem Goldenen Horn und dem Bosporus verkehren, gehen während der Fahrt Männer mit Teetabletts herum, und in den Gläsern schwimmen niemals Beutel, sondern der Tee wird unmittelbar vor beziehungsweise während der Fahrt frisch zubereitet, weshalb es meist zehn Minuten dauert, bis die erste Runde fertig ist.

Die türkische Art des Teekochens unterscheidet sich deutlich von der ägyptischen, auch wenn die verwendeten Teesorten von ähnlichem Charakter sind. Während Ägypten seinen Tee allerdings importieren muss, ist die Türkei immerhin der sechstgrößte Teeproduzent der Welt, und natürlich sind auch hier – wie überall – Teepflanzen und Verarbeitungsmethoden den geschmacklichen Wünschen der Teetrinker angepasst.

Der türkische Tee ist im Prinzip ein Samowar-Tee, das heißt, ein sehr konzentrierter Aufguss wird je nach Geschmack mit Wasser verdünnt. In türkischen Haushalten wird dazu meist eine Doppelkanne für den Herd benutzt, *Çaydanlık* genannt. Lange war wiederum Blech das Material der Wahl – die Touristenmodelle auf den Basaren sind manchmal außen mit einer dünnen Kupferauflage versehen –, doch in letzter Zeit wird auch häufig Edelstahl verwandt. Der *Çaydanlık* besteht aus einer größeren Kanne für das Wasser und einer kleineren für den sehr starken Teesud, die anstelle des Deckels oben aufgesetzt wird. Ich habe meinen *Çaydanlık* – die kleinste

Ausführung für den westlichen Paar-Haushalt mit 750 ml Fassungsvermögen für das Wasser und 500 ml für den Tee, aus Istanbul mitgebracht, doch inzwischen findet man sie bei uns ohne Mühe in jeder größeren Stadt bei besagten türkischen Haushaltswarenhändlern oder über die üblichen Online-Versand-Plattformen.

Auch hier hatte ich eine Gewährsfrau – meine Freundin Aysun –, die mir verraten hat, wie das Ding funktioniert. Es ist nicht im eigentlichen Sinne kompliziert, doch wenn sie es mir nicht erklärt hätte, wäre ich nie auf die Idee gekommen, es so zu benutzen.

In die obere Kanne gibt man den Tee. Wie viel? Da beginnen die Diskussionen von vorn, denn natürlich hängt es davon ab, ob es sich beispielsweise um einen sehr fein geschnittenen Broken-Tee handelt oder um ganze Blätter, ob ich den Sud sehr stark bevorzuge und anschließend einen höheren Wasseranteil dazugebe oder umgekehrt, ob mein Magen oder mein Kreislauf robust oder empfindlich sind. All das muss jeder für sich selber probieren. Ich persönlich finde, dass der einfache türkische Broken-Tee, zum Beispiel *Çaykur Çay Rize Turist*, zu sehr guten Ergebnissen führt, und bevorzuge einen nicht ganz so starken Sud mit geringerem Heißwasserzusatz. Dafür nehme ich vier bis fünf gut gehäufte Löffel Tee. Wenn ich einen perfektionistischen Tag habe, gebe ich ihn jetzt in ein Haushaltssieb und wasche ihn gründlich unter fließendem Wasser, um Staub zu entfernen, der den Tee sonst eintrüben würde – so machen es türkische Kenner, sagt meine Freundin Aysun. So oder so kommt der Tee dann mit wenig Wasser –

gerade so viel, dass die Blätter knapp bedeckt sind – in die obere Kanne. Die untere wird anschließend bis etwa zwei Zentimeter unterhalb des Rands mit Wasser gefüllt, dann stelle ich die Doppelkanne bei mittlerer Hitze auf den Herd. Wenn das Wasser im unteren Kessel kocht, übergieße ich den Tee im oberen damit und fülle unten die entsprechende Menge kalten Wassers nach. Wer Zeit hat, bringt es jetzt auf kleiner Flamme sehr langsam erneut zum Kochen, doch wer seine Gäste ungern alleine warten lässt, gibt mehr Gas, hat dafür von Anfang an vielleicht einen oder zwei Löffel Tee zusätzlich genommen. Sobald das Wasser im unteren Kessel abermals kocht, sollte der Tee im oberen stark genug sein. Ich gieße durch ein Sieb probeweise einen Schluck in ein Teeglas, schaue, welche Farbe er hat – ist er dunkelorange, fülle ich vielleicht zwei Drittel des Glases mit Tee, ist er tiefrot, vielleicht die Hälfte oder auch nur ein Drittel –, dann gieße ich ihn mit dem siedenden Wasser aus der unteren Kanne auf. So ist das Prinzip, wie es mir Aysun erklärt hat, und zumindest solange ich original türkischen Tee verwendet habe, war sie zufrieden mit dem Ergebnis. Inzwischen habe ich dieselbe Methode auch an einer Ostfriesenmischung ausprobiert, außerdem an englischem Afternoon Blend und an einer besseren Ceylon-Qualität. Da ich am Ende, wenn der Sud zu stark oder zu dünn geraten ist, das Ergebnis durch die hinzugefügte Wassermenge immer noch korrigieren kann, führen die Experimente selten zu totalen Katastrophen. Im Laufe der Zeit bekommt man ein Gefühl für das spezifische Gewicht der jeweiligen »Trockenware«, auch Aussehen und Geruch geben Aufschluss über die zu erwartende Beschaffenheit des Aufgusses, sodass ich inzwischen ungefähr weiß, wie viel Tee ich nehmen muss, damit das Konzentrat so stark wird, wie ich es haben möchte.

In Berlin bleiben *Chai La'aroussa* oder *Çaykur Çay* für mich gleichwohl immer nur ein schwacher Ersatz und vergrößern meine Sehnsucht nach Kairo oder Istanbul, denn der orientalische Tee ist eben nicht einfach ein beliebiges Genussmittel, das einem, ganz gleich, wo ich es verkoste, neue Welten des Geschmacks und der Verfeinerung eröffnet, wie beispielsweise ein erstklassiger Ti Kuan Yin oder ein besonderer Sencha. Er ist vielmehr Bestandteil eines anderen Lebensrhythmus, einer anderen Art und Weise, in der Welt zu sein. Und vielleicht benötigt er sogar Wüstenstaub und Autoabgase bei atemraubender Hitze in gleißendem Licht, um sein volles Aroma zu entfalten.

5. *Sencha*

Bevor ich das Restaurant Kappa im Gonsenheimer Wald bei Mainz entdeckte, waren sowohl die belebende Kraft des Matcha als auch der Wohlgeschmack des Sencha – des einzigen japanischen Aufgusstees, den ich damals namentlich kannte – reine Mythen gewesen: Irgendwo im fernen Japan würde es sie wahrscheinlich geben, sie wurden von jahrzehntelang ausgebildeten Meistern für geistig hochrangige Menschen mit ebenso lange geschultem Gaumen zubereitet. Ohnehin nahm ich an, dass dort alles, was die Menschen taten, aus der nicht formenden Formkraft des Zen heraus eine andere Stufe von Erhabenheit und Vollkommenheit erlangt hatte als hierzulande, im Reich der Friemler und Frickler.

Während des Zivildienstes und der ersten Studienjahre hatte ich einige Male Sencha bei Händlern in Mainz und Karlsruhe erstanden. Das graugelbe Gebräu hatte ungefähr so geschmeckt, wie der Heuaufguss im Biologieunterricht gerochen hatte, in dem die Pantoffeltierchen fürs Mikroskop schwammen. Nicht einmal die Teehändler schienen von ihren Senchas recht überzeugt. Einer hatte den Kopf schief gelegt und gefragt, ob ich mich damit auskenne, um dann leicht gequält darauf hinzuweisen, dass man diese Tees nicht mit kochendem Wasser überbrühen und keinesfalls zu lange ziehen lassen dürfe, sowieso sei der Geschmack nicht jedermanns Sache. Doch auch wenn ich nach dem Aufkochen zehn Minuten verstreichen ließ und der Tee nicht länger als anderthalb Minuten in der Kanne verblieb, stellte ich keinen nennenswerten Unterschied fest. Lauwarm entfaltete sich der bitter-muffige Geschmack lediglich um einige Nuancen komplexer. Ich versuchte es mit Zucker, obwohl ich wusste, dass ich damit eine Todsünde beging, und kippte das Ergebnis nach dem ersten Schluck in den Ausguss.

Doch dann saß ich eines Sonntags, wenige Wochen nach der ersten Kairo-Reise, in besagtem Wanderheim, das jetzt das Kappa beherbergte, und blätterte durch die getippte Speisekarte in brauner Kunstlederhülle. Neben Schlachtplatte und Bratwurst gab es Misosuppe, Lachs in Teriyaki-Soße, Schweinefleisch mit Ingwer und eben auch eine kleine, aber ambitioniert erscheinende Auswahl japanischer Tees: Premium-Sencha aus Shizuoka, Gyukuro aus Uji, Karigane aus Kyūshū, gerösteter Hōjicha und Genmaicha – Tee mit einer Art Puffreiszusatz. Sämtliche Sorten waren im Duktus eines Winzerkatalogs beschrieben – »grasig frisch mit natürlicher Süße«, »vollmundig feinherbe Note«, »leicht nussiger Geschmack« – Formulierungen, die ich nach meinen bisherigen Sencha-Erfahrungen mit einer gewissen Skepsis zur Kenntnis nahm.

Ich war voller Vorfreude und rechnete doch mit dem Schlimmsten. Forsthausmobiliar, Wanderpokale und selbst gezimmerte Papierwände, die den Gastraum notdürftig japanisieren sollten, passten ebenso wenig zu meinen Japan-Visionen wie die Frühschoppenrunde am Tisch vor dem Tresen.

Der Kellner – später stellte sich heraus, es war der Wirt selbst –, ein Herr Anfang fünfzig mit Schnauzbart und rheinhessischem Akzent, erklärte mir, dass »die Chefin« sich den Tee von ihrem Vater direkt aus Japan schicken lasse, da es hier in der Gegend keine trinkbare Qualität zu kaufen gebe. Was er erzählte, klang vielversprechender, als es die Einrichtung vermuten ließ. Nach ausführlicher Beratung empfahl er mir als Neuling schließlich den Premium-Sencha aus Shizuoka.

Zurück hinter der Theke, nahm er ein kleines Keramikkännchen mit rechtwinklig zur Tülle abstehendem Griff aus dem Regal, wie ich es noch nie gesehen hatte, und gab aus einer hohen, mit japanisch gemustertem Papier bezogenen Dose zwei Löffel Tee hinein. Meine Zuversicht wuchs, auch wenn keine der Bewegungen des Mannes den Eindruck machte, als sei er sich der Tragweite dessen, was er tat, wirklich bewusst. Er trat an den Kaffeevollautomaten und ließ einen zischenden Wasserstrahl hineinschießen. Ich traute meinen Augen nicht, denn ohne Zweifel kam das Wasser mit einer Temperatur von über neunzig Grad aus der Maschine – der Tee war bestimmt ruiniert. Der Wirt hingegen schien von keinem Zweifel belastet, setzte den Deckel auf das Kännchen, wählte einen dickwandigen, weiß glasierten Keramikbecher, stellte beides auf sein Tablett, das den Schriftzug einer rheinhessischen Brauerei trug, und kam an meinen Tisch zurück. Er goss den Tee mit großer Geste in den Becher, allerdings in einem kürzeren, weniger elegant gebogenen Strahl als der ägyptische Großvater, und stellte ihn vor mich hin. »Probieren Sie mal«, sagte er. »Ich bin sicher, diesen Geschmack kennen Sie noch nicht. Wenn Sie fertig sind, mache ich Ihnen einen zweiten Aufguss. Japanischen Tee – ich weiß nicht, ob Sie das wissen – gießt man ja mehrmals auf.«

Der Tee im Becher dampfte, war von leuchtendem Grün, allerdings nicht durchscheinend klar, sondern eher milchig trüb. Ich hob ihn an die Nase, schnupperte und roch etwas, das an den Duft von frisch gemähtem Gras erinnerte. Vorsichtig nahm ich den ersten Schluck. Erstaunlicherweise war der Tee weder zu heiß noch bitter, sondern hatte genau die richtige Temperatur. Auf der Zunge hinterließ er ein angenehm samtiges Gefühl, und dann explodierte der Geschmack: Tatsächlich hatte ich in diesem Moment so etwas wie das Konzentrat einer ganzen Frühlingswiese auf der Zunge.

Sämtliche Sorten, die ich im Restaurant Kappa probierte, schmeckten besser als alles, was ich vorher an Grüntee getrunken hatte. Der eine entfaltete ein rundes und süßes Aroma wie Zuckerrohrsaft, der nächste erinnerte an milde Algen, ein anderer war von pointierter Bitterkeit. Ich stellte fest, dass scheinbar derselbe Tee im Juni oder Juli, unmittelbar nach der Ernte eingeflogen, deutlich intensiver und nuancenreicher war als im darauffolgenden Mai, wenn er ein Jahr in seinem Päckchen verbracht hatte. Das Frühlingswiesenaroma, nach dem ich geradezu süchtig bin, seit ich es zum ersten Mal gekostet habe, verflüchtigt sich besonders schnell, sodass meine Liebe zum japanischen Grüntee seit diesen Anfängen beständig zwischen Hoffnung und Enttäuschung hin- und hergeworfen wird.

Damals war ich allerdings noch weit davon entfernt, mich auf eigene Faust an der Zubereitung japanischen Tees zu versuchen. Die Wirtin des Kappa importierte zu wenig, als dass sie mir etwas hätte abgeben können, und meine gelegentlichen Versuche, auf Reisen oder in einem neu eröffneten Teegeschäft trinkbaren Sencha zu kaufen, scheiterten allesamt kläglich.

Erst Anfang des Jahrtausends – das Restaurant Kappa hatte seine Tore schon lange geschlossen, ich selbst war nach Berlin gezogen – stieß ich am Prenzlauer Berg auf ein kleines Teegeschäft, das mit einem Aufsteller für ökologisch angebauten japanischen Kabusecha warb. Im Schaufenster stand außerdem eine Auswahl dieser Tonkännchen mit dem seitlichen Griff, die ich aus dem Kappa kannte. Der Laden, der den einladenden Namen Oblomows Teestube trug, wirkte, als ob er ebenso sachkundig wie unprätentiös geführt wurde. Also versuchte ich mein Glück, im Hinterkopf die vage Hoffnung, eines Tages wieder einen Tee zu trinken, der die Essenz einer Frühlingswiese enthielt. Eine freundliche ältere Dame tauchte zwischen deckenhohen Regalen voll goldfarbener Blechdosen und erleuchteten Vitrinen auf. Ich fragte etwas vernuschelt nach diesen japanischen Tees vom Aufsteller draußen, weil ich nicht so genau wusste, was es mit Kabusecha auf sich hatte.

Anders als die meisten Teehändler, bei denen ich bis dahin Sencha gekauft hatte, war Frau Schaller nicht nur überzeugt von ihrem Tee, sondern sie wusste auch, was sie verkaufte: Sie erzählte von einer Farm auf Kyūshū, der südlichsten der japanischen Hauptinseln, die als eine der Ersten ihre Teeproduktion auf ökologischen Landbau umgestellt habe und dafür gerade auf der Grünen Woche mit einer Medaille ausgezeichnet worden sei. Außerdem hätten sie sich auf Kabusecha spezialisiert, sogenannten Halbschattentee – ein Anbauverfahren, das es so nur in Japan gebe. Ähnlich wie beim Gyokuro würden beim Kabusecha die Teesträucher für eine gewisse Zeit mit Netzen oder Matten beschattet. Unter den gedämpften Lichtverhältnissen produziere die Pflanze verstärkt Chlorophyll, was zu einem geringeren Anteil an Bitterstoffen bei besonders reichem Aroma führe.

Meine während der vergangenen Jahre ein wenig in den Hintergrund getretene Japan-Begeisterung meldete sich auf der Stelle zurück: Die Japaner hatten alles, was von irgendwo auf der Welt zu ihnen gelangt war – vom Zen-Buddhismus über zahlreiche Kunsthandwerkstechniken bis hin zum Maschinenbau –, in ihre eigene Geistigkeit überführt und schließlich auf eine bis dahin unbekannte Stufe der Vollkommenheit gehoben, und so wunderte es mich nicht, dass sie auch den Teeanbau perfektioniert hatten.

Obwohl die Teepflanze ursprünglich nicht in Japan zu Hause war und auch ihre Nutzbarkeit als Medizin und Getränk nicht dort entdeckt wurde, zählen ihre Kultivierung und der Teegenuss zu den Existenzialien japanischer Identität. Die buddhistischen Mönche Saichō

(767–822) und Kūkai (774–835) brachten bereits 805 beziehungsweise 806 Teesamen von Chinareisen mit und legten größere Pflanzungen für den Bedarf ihrer Klöster an. In Japan wird Tee erstmals im Jahr 815 im *Nihon Kōki* erwähnt, dem dritten der sechs klassischen historischen Texte des Landes. Diese Frühzeit des japanischen Tees steht allerdings im Schatten einer populäreren Geschichte, der zufolge der berühmte Priester Myōan Eisai (1141–1215) von seinem zweiten China-Aufenthalt neben dem Zen-Buddhismus, samt Meditationstechnik und Kōan-Schulung, auch die Samen mitbrachte, von denen alle japanischen Teesträucher bis heute abstammen. Zumindest für die Teegärten beim Kōzan-ji-Tempel in den Bergen nordwestlich von Kyōto und die berühmten Teegärten von Uji im Süden der alten Hauptstadt scheint das zu stimmen. Beide wurden von dem Priester Myōe Shonin (1173–1232) mit Samen angelegt, die er von Eisai bekommen hatte, und werden nach wie vor bewirtschaftet. Um 1211 verfasste Eisai das *Kissa Yōjōki*, das erste Werk in japanischer Sprache über Tee, in dem er sich einerseits mit der Verarbeitung der Pflanze beschäftigte, andererseits auch ihre Wirkungen auf den menschlichen Organismus darlegte. Die von ihm beschriebene Art, pulverisierten Tee aufzuschlagen, entspricht in etwa der, die bis heute in der Teezeremonie praktiziert wird.

Der Aufgusstee, wie er inzwischen weltweit verbreitet ist, stellt auch in Japan die jüngste Form in der Entwicklung der Teezubereitung dar. Im 15. Jahrhundert war eine in China entwickelte Methode, Teeblätter in großen Pfannen durch Rösten zu trocknen, nach

Kyūshū gelangt. Eine Weiterentwicklung dieser Verarbeitung ist der Kamairicha, von dem allerdings so gut wie nichts in den Export gelangt. Daneben gab es für die weniger begüterten Leute eine Art Bancha, den man jedoch nicht einfach aufgießen konnte, sondern kochen musste. Der Sud scheint von bräunlicher Farbe und mäßig überzeugendem Geschmack gewesen zu sein. Da die zu dieser Zeit gebräuchlichen Methoden zur Trocknung der frischen Blätter sich nicht präzise regulieren und kontrollieren ließen, verdarb der Tee häufig durch Restfeuchtigkeit, oder er verlor – im Falle der Sonnentrocknung – durch die Wirkung der UV-Strahlen einen Großteil seines Geschmacks.

Um 1738 entwickelte Sōen Nagatani (1680–1778) in Uji nach fünfzehn Jahren des Experimentierens den japanischen Sencha in seiner heutigen Form – einen Grüntee, der ohne Fermentierung in einem aufwendigen Verfahren mehrfach gedämpft, gepresst, getrocknet, teilweise auch gerollt wird, sodass die Blätter in ihrem Aussehen an Tannennadeln erinnern. Der Mönch und Dichter Gekkai Gensho, genannt Baisao (1675–1763), machte den Sencha unter den gebildeten Schichten Kyōtos populär. Seine Anhänger wandten sich mit dieser neuen Art des Teegenusses dezidiert gegen die in Formalismen erstarrte Teezeremonie. Mittlerweile sind die Sencha-Zeremonien natürlich beinahe ebenso strikten Regularien unterworfen wie die *Chanoyu*: Ohne strenge Form geht es in Japan einfach nicht. –

Von alledem hatte ich nicht die geringste Ahnung, als Frau Schaller eine Dose aus dem Regal zog, einen mit

Wäscheklammern verschlossenen Beutel öffnete, etwas Tee in eine Blechschaufel schüttete und mir gab: »Riechen Sie mal, dann wissen Sie, was ich meine. Das ist die höchste Qualitätsstufe von unserem Kabusecha.«

Wenn meine Nase sehen könnte, würde ich sagen, ich traute meinen Augen nicht: Da war er wieder, zum ersten Mal seit gut fünf Jahren, dieser Duft einer frisch gemähten Wiese, voller und intensiver noch, als ich ihn im Kappa wahrgenommen hatte.

Ich kaufte je ein Päckchen Kabusecha der besten und zweitbesten Qualitätsstufe, außerdem einen Kabuse Kukicha, sogenannten Stängeltee, dazu ein neues Sieb aus Metall, damit der Geschmack auf keinen Fall durch Rückstände anderer Tees beeinträchtigt wurde. Natürlich nahm ich auch die Spezialkännchen in Augenschein, doch die, die mir am besten gefielen, sprengten an diesem Tag leider meinen finanziellen Rahmen. Frau Schaller war ohnehin der Meinung, dass ich für den Anfang mit meiner normalen Kanne weitermachen könne.

Zu dieser Zeit stand in meinem Küchenregal lediglich eine einfache Teekanne aus weiß glasiertem Steingut, die einen Dreiviertelliter fasste. Damals waren die Utensilien aus der Internatszeit halb vergessen bei meinen Eltern eingelagert. Wenn ich, wie in der Anleitung empfohlen, drei Aufgüsse machte, waren das mehr als zwei Liter. Es stellte sich allerdings heraus, dass japanischer grüner Tee nicht nur wunderbar schmeckte, sondern sich darüber hinaus auch als Arbeitsgetränk um ein Vielfaches besser eignete als Schwarztee oder Kaffee, den ich in den vergangenen Jahren in beträchtlichen

Mengen zur Konzentrationssteigerung in mich hineingeschüttet hatte.

Fürs Erste hätte ich zufrieden sein können, aber de facto passierte das Gegenteil: Ich wusste jetzt, dass es japanische Tees dieser Qualität hier zu kaufen gab, ahnte aber, dass meine Supermarktkanne vermutlich nicht alle ihre Geschmacksfeinheiten zur Entfaltung brachte. Wenn die Japaner eine eigene Kannenform für die Zubereitung entwickelt hatten, lag dem zweifellos ein in Jahrzehnten, wenn nicht Jahrhunderten gewonnenes Erfahrungswissen zugrunde. Auch war mir aufgefallen, dass die meisten dieser Kännchen – sie heißen *Kyusu* – nicht glasiert waren, sondern aus sehr feinem terracottaartigem Ton bestanden – demselben Material wie die fünf Schälchen meines Großvaters.

Also kaufte ich einige Wochen später doch mein erstes *Kyusu*, und damit begann meine Suche nach dem perfekten Sencha.

Mehr als bei allen anderen Tees gehen bei den japanischen Sorten die Ansichten auseinander, wie sie am besten zubereitet werden. Ich habe mit einem halben Dutzend erfahrener Teehändler gesprochen, Packungsbeilagen und Bücher gelesen, mich in Internetforen und auf Spezialseiten von Importeuren, Liebhabern, Wissenschaftlern, Gesundheitsexperten herumgetrieben, habe Japaner gefragt und Leute, die jahrelang in Japan gelebt haben, und zu nahezu jedem Aspekt der Teezubereitung andere Auskünfte, Empfehlungen, Vorschläge erhalten. Auch unter den Japanern, für die ich bislang Tee gekocht habe, herrschten sehr unterschiedliche Vorlieben, was einen bei Lichte besehen auch nicht wundern sollte: Wenn ich zwanzig Deutsche nach ihrem bevorzugten Weißwein fragen würde, würde der eine von Rheingauer Riesling schwärmen, der Nächste tränke – wenn es denn Wein sein muss – süße Liebfrauenmilch, sicher gäbe es auch den einen oder anderen Exzentriker, der im trockenen Gewürztraminer die Vollendung des Winzerhandwerks sähe. Die meisten allerdings würden etwas Unspezifisches aus Italien oder Rheinhessen für 5,99 Euro pro Flasche im Supermarkt kaufen, ohne sich weiter Gedanken zu machen.

Dementsprechend habe ich festgestellt, dass auch unter Japanern Teespezialisten seltene Ausnahmen darstellen. Einigkeit herrscht lediglich darüber, dass das Wasser nicht kochend über die Teeblätter gegossen werden darf. Ob es dann aber fünfundfünfzig oder fünfundachtzig Grad heiß sein soll, hängt ebenso vom Tee wie vom persönlichen Geschmack ab. Grundsätzlich sagt man, je edler der Tee, desto niedriger die Temperatur, aber ich hatte schon sehr teure Senchas, die mit siebzig Grad warmem Wasser nach gar nichts geschmeckt haben. Auch was Ziehzeiten und Aufgüsse angeht, herrscht entschiedene Uneinigkeit. Während für einige Tees die Regel gilt, der erste Aufguss sollte etwa sechzig bis achtzig Sekunden ziehen, der zweite dreißig bis fünfundvierzig, der dritte – wenn man denn einen Tee hat, der sich für einen dritten Aufguss eignet – vielleicht neunzig Sekunden, werden einem manche hochwertige oder anders verarbeitete Tees beim ersten Aufguss derart bitter geraten, dass es Menschen mit sensiblem Magen davon übel wird.

In solchen Fällen sollte man, ehe man seinen Teehändler beschimpft oder das teure Zeug in den Müll schüttet, einfach das Gegenteil versuchen und den ersten Aufguss lediglich zehn Sekunden ziehen lassen. Der zweite ist dann mit dreißig am besten, und der dritte nimmt es meistens nicht mehr ganz so genau.

Bei der Wassertemperatur gehe ich im Großen und Ganzen davon aus, dass der zweite Aufguss etwa fünf Grad heißer aufgeschüttet werden sollte als der erste, der dritte verträgt vielleicht noch einmal zehn Grad mehr. Aber all das sind bloß Richtwerte.

Richtig kompliziert wird es bei der Frage, wie viel Tee man für wie viel Wasser nehmen soll, und darauf folgt die Frage nach Art und Größe der Kanne.

Da ich sehr viel grünen Tee trinke und außerdem auch die Frau am Nachbarschreibtisch damit versorge, haben sich die kleinen *Kyusu* oder die noch kleineren, henkellosen *Hobin*, die man für Spitzen-Senchas und Gyokuros nimmt, als mäßig alltagstauglich erwiesen. Deshalb benutze ich für den »Arbeitstee« eine dieser Tokoname-Kannen aus unglasiertem rötlichem Ton mit gebogenem Bambushenkel, die in den 1980er-Jahren sehr beliebt waren. Mein Exemplar fasst 0,7 Liter. Dort hinein hänge ich das größte Metallsieb, das passt. Spätestens hier wird der Qualitätsfanatiker keinen Spaß mehr verstehen und mich der Verletzung des unveräußerlichen Teerechts auf frei schwimmende Entfaltung anklagen. Da ich aber immer noch ziemlichen Arbeitsdruck habe und bereits mehrmals die kompletten Abflussrohre unter der Spüle aufgrund chemisch nicht mehr behebbarer Teeblattverstopfung auseinanderbauen musste, nehme ich jetzt trotzdem vier Löffel einer mittleren japanischen Sencha- oder Kukicha-Qualität und gebe sie in mein Sieb. Ich gieße etwa fünfundsiebzig Grad heißes Wasser darüber und lasse den Tee eine Minute lang ziehen.

Nach meiner Erfahrung schmeckt dieser für japanische Verhältnisse leichte Alltagsaufguss den meisten, die einfach einen guten Tee trinken und keinen Wettbewerb gewinnen wollen, vorausgesetzt, der Händler war vertrauenswürdig und man selbst ist beim Einkauf nicht zu sparsam gewesen.

Doch natürlich lässt der Genuss sich steigern: Wenn ich einen neuen Tee bekommen habe oder wenn die Arbeit getan ist, nehme ich ein *Kyusu* aus dem Regal.

Die meisten *Kyusu*, die man im Handel findet, stammen ebenfalls aus der alten Töpferstadt Tokoname, die für ihre rote, unglasierte Keramik, *Shudei* genannt, berühmt ist. Bei industriell gefertigten Exemplaren ist meist ein Metallsieb vor der Tülle eingesetzt, das allerdings oft zu feinmaschig ist oder im Laufe von ein, zwei Jahren verstopft, sodass der Tee schließlich nur noch tropfenweise herauskommt. Insofern lohnt es sich, ein Stück von einem Meisterbetrieb zu kaufen. Darin ist im Idealfall ein keramisches Sieb eingestochen oder aufmontiert, dessen Position und Lochung über mehrere Generationen so optimiert wurden, dass es sich weder zusetzt noch übermäßig viele Teeblätter durchlässt.

Die meisten *Kyusu* fassen zwischen zweihundert und dreihundert Milliliter. Ich nehme – je nach Sorte – zwei

Löffel Tee. Und dann gilt wiederum als Basisrezept: siebzig Grad warmes Wasser, sechzig Sekunden Ziehzeit für den ersten Aufguss – es sei denn, die Packung oder der Händler haben dezidiert etwas anderes empfohlen. Ist der Tee zu stark oder zu bitter, senke ich die Temperatur oder verkürze die Ziehzeit; schmeckt er schwächlich, erhöhe ich zuerst die Temperatur – meistens reicht das. All das ist nicht besonders kompliziert, wichtig ist vor allem, dass man nicht ängstlich an die Sache herangeht, denn das Schlimmste, was passieren kann, ist, dass ein oder zwei Becher Tee nicht schmecken.

Das dritte Gefäß für besonders hochwertige Sencha, Kabusecha und Gyokuro ist das *Hobin*, ein henkelloses Kännchen mit einem Fassungsvermögen zwischen hundert und hundertfünfzig Millilitern. In Japan gehören neben dem *Hobin* meist eine deckellose Abkühlschale, *Yuzamashi*, sowie fünf winzige Teebecherchen zu einem Gyokuro-Service.

Ich habe bislang niemanden getroffen, der die Gyokuro-Zubereitung von einem Kundigen gelernt hat, und für mich hat auch noch nie jemand, der sich auskennt, einen Gyokuro zubereitet. Also habe ich mich an Packungsbeilagen und einschlägige Videos gehalten. Demnach gießt man zuerst Wasser, das etwa neunzig Grad heiß ist, in das *Hobin*, um es vorzuwärmen. Von dort aus schüttet man es in das *Yuzamashi* und dann in die fünf Becherchen. Jetzt soll man zwei Esslöffel (ca. acht bis zehn Gramm) Tee in das *Hobin* geben. Derweil müsste das Wasser in den Becherchen auf maximal fünfundfünfzig Grad abgekühlt sein. So wird es über den Tee gegossen, der anschließend zwei Minuten lang ziehen darf. Danach kann ich eine sehr kleine Menge lauwarmer Flüssigkeit ausschenken – etwa zwei Fingerhüte pro Becher. Den Rest des Wassers haben die Blätter aufgesaugt, die jetzt zwei Drittel des *Hobin* füllen. Ich muss gestehen, dass ich bis heute keinen Gyokuro gefunden habe, den ich, auf diese Weise zubereitet, mochte, allerdings bin ich bei gut siebzig Euro für hundert Gramm ausgestiegen – preislich ist da noch eine Menge Spielraum nach oben. Die meisten Gyokuros haben mir allerdings ausgezeichnet geschmeckt, wenn ich sie im *Kyusu* wie einen guten Sencha aufgegossen habe.

Da sich nun aber schon eine große Menge äußerst kostbaren japanischen Tees in meinem *Hobin* befindet, drei, vielleicht sogar vier oder fünf Mal aufgegossen, bin ich sehr froh für den Tipp, den mir eine kulinarisch versierte Japanerin gegeben hat: Ich fülle das Grünzeug in eine Schüssel, würze es mit einem Teelöffel Sojasoße, etwas Reisessig und einigen Tropfen Sesamöl und kann meinen Gästen so eine außerordentlich delikate japanische Vorspeise servieren.

6. *Wasser und Material*

Seit ich angefangen habe, mich mit Sencha zu beschäftigen, ist die Teezubereitung mehr und mehr zu einer Versuchsreihe geworden. Auf Empfehlung von Herrn Graf, des zweiten meiner drei Teehändler, der das Geschäft von Frau Schaller übernommen hat, trug ich bald auch den einen und anderen chinesischen Tee nach Hause, die wiederum eigene Anforderungen an die Zubereitung stellen, und so blieb mir schließlich nichts anderes übrig, als Kessel für Kessel, Kanne für Kanne, Schale für Becher für Tasse eine Art Teelaboratorium aufzubauen.

Obwohl ich ständig experimentiere, bin ich natürlich kein Wissenschaftler im modernen Sinne. Meine Experimente sind allesamt unseriös, denn in ihrem Zentrum steht so etwas wie die nicht überprüfbare Objektivierung subjektiver Wahrnehmungen. Trotzdem sind sie irgendwie plausibel – zumindest bilde ich mir das ein. Und sie fördern Ergebnisse zutage, die mir helfen, die Zubereitung des jeweiligen Tees zu verbessern. Im Übrigen habe ich grundsätzliche Zweifel, ob sich ein derart komplexes Phänomen wie Geschmack mit strikt wissenschaftlichen Methoden überhaupt erforschen lässt: Wissenschaftliche Versuchsreihen basieren darauf, dass einzelne Aspekte aus einem multifaktoriellen Geschehen herausgelöst und variiert werden, während der Rest des Gesamtgefüges unverändert bleibt. Im Hinblick auf die Geschmackswahrnehmung ist aber bereits die Fixierung der unveränderlichen Faktoren ein Ding der Unmöglichkeit, und zwar sowohl aufseiten des untersuchten Objekts – in diesem Fall des aufgebrühten Tees – als auch aufseiten des rezipierenden Subjekts, also der Testperson, die ihn trinkt. Frischegrad der Blätter, vermutlich auch das Erntejahr, aktuelle Wetterlage, Raumklima, Lichtintensität, Luftdruck, Luftzusammensetzung, all das beeinflusst die Beschaffenheit des Aufgusses ebenso, wie aufseiten der Versuchsperson die Wahrnehmung durch Variablen wie Tageszeit, Temperaturgefühl, vorherige Nahrungsaufnahme, Gefühlslage, allgemeines körperliches Befinden verändert wird. Diese Faktoren durchdringen sich in völlig undurchschaubarer Weise wechselseitig und wirken auf die Reaktionen der Geschmacksrezeptoren in Mund, Nase, Gehirn und Seele ein. Erschwerend kommt hinzu, dass die Dinge, die wir schmecken – anders als das Ölgemälde an der Wand oder das Gedicht im Buch –, nicht einen einzigen Augenblick lang in ihrem Ist-Zustand verbleiben. Insbesondere erhitzte Nahrungsmittel und Getränke befinden sich in einem permanenten Prozess der Interaktion mit ihrer Umgebung und sind dementsprechend in ständigem Wandel begriffen. Offenkundig ist das beim Vorgang des allmählichen Abkühlens, da die verschiedenen Komponenten eines Geschmacksbildes sich bei wechselnder Temperatur unterschiedlich auf den Gesamteindruck auswirken. Nachdem er abgegossen wurde, zieht Tee darüber hinaus weiter, weil immer unzählige Blattpartikel das Sieb passieren. Ebenso führen der Kontakt mit Sauerstoff und die verschiedenen Wellen des Lichtspektrums zu Veränderungen. Die individualpsychologischen und -physiologischen Unterschiede, die teilweise auf der instinktiven Fähigkeit des Menschen basieren, das für ihn aktuell und grundsätzlich Bekömmliche zu erkennen, sind dabei noch ebenso wenig berücksichtigt wie Prägungen durch den jeweiligen Kulturraum, familiäre oder soziale Herkunft. Darüber hinaus finden sich – ähnlich wie im Hinblick auf Musik oder Kunst – auch bei der Geschmacks- und Geruchssensibilität unterschiedliche Ausgangsbegabungen, die durch Schulung oder Vernachlässigung verfeinert werden oder eben verkümmern.

Den neutralen Probanden im Hinblick auf Geschmackswahrnehmungen gibt es also ebenso wenig wie ein neutralisiertes Versuchsumfeld, und es wird auch nicht gelingen, eine exakt gleiche Tasse Tee ein zweites Mal zuzubereiten. Deshalb scheint mir die intuitive Herangehensweise, bei der ich sinnend, spielerisch, ernsthaft Möglichkeiten, Ursachen und Wirkungen auslote, letztendlich die vernünftigste Form der Teewissenschaft zu sein.

Der erste Auslöser, diese Art Forschung zu beginnen, war ein etwa hundertfünfzig Jahre altes englisches Teekännchen aus Zinn mit Ebenholzgriff, das ich auf dem Flohmarkt erstand. Zu Hause probierte ich es gleich aus und stellte fest, dass der Sencha daraus völlig anders schmeckte als aus meinem *Kyusu*. Solange ich bei japanischen Tees blieb, behielt der Tokoname-Scherben die Oberhand. Doch erstaunlicherweise schmeckte der chinesische Longjing, den mir Herr Graf jüngst empfohlen hatte, aus dem Zinngefäß deutlich nuancenreicher als aus meinem ebenfalls auf dem Flohmarkt erworbenen chinesischen Porzellankännchen. Goss ich diesen Longjing hingegen im *Kyusu* auf, erschien er mir dünn wie gefärbtes Wasser. Anfangs war ich unsicher, ob die Unterschiede nicht einfach verschiedenen persönlichen Geschmacksdispositionen geschuldet sein könnten – Zigaretten derselben Marke können ebenso verschieden schmecken wie Wein aus derselben Flasche, je nachdem, zu welcher Gelegenheit man raucht oder trinkt. Andererseits dekantieren Kenner ihren Rotwein in bauchige Karaffen, um ihm Sauerstoff zuzuführen, und bleiben zeitlebens auf der Suche nach dem perfekten Glas.

Nachdem ich einige Tage lang Versuche gemacht hatte und noch immer überzeugt war, beträchtliche objektive Geschmacksunterschiede wahrzunehmen, rief ich die Frau vom Nachbarschreibtisch und ließ sie einen Darjeeling aus zwei identischen Schälchen probieren – einmal in einer normalen Porzellankanne und einmal im Zinnkännchen aufgegossen. »Sind das zwei verschiedene Tees, oder ist es zweimal der gleiche?«, fragte ich.

»Ganz klar zwei verschiedene«, sagte sie und lag damit falsch.

Den größten Einfluss auf Geschmack und Konsistenz oder das »Mundgefühl« des Tees hat neben dem Material der Gefäße die Qualität des Wassers, wobei beide Komponenten wiederum in einer komplexen Wechselwirkung zueinander und mit dem jeweiligen Tee stehen.

Chinesen und Japaner nehmen teilweise weite Reisen in Kauf, um Teewasser aus einer bestimmten Bergquelle zu holen. Früher hätte ich das für übertrieben gehalten, inzwischen kann ich es zumindest theoretisch nachvollziehen, auch wenn ich selbst mich bislang nicht zu diesem Zweck Richtung Thüringer Wald aufgemacht habe. Grundsätzlich gilt: Das Wasser für den Tee darf nicht hart sein, also weder kalkhaltig noch reich an Mineralien oder Erdalkalimetallen. In den Gegenden, in denen ich bislang gewohnt habe beziehungsweise wohne, ist das Leitungswasser so, wie es aus dem Hahn kommt, für die Teezubereitung ziemlich ungeeignet. In Berlin-Prenzlauer Berg beispielsweise hat es eine Gesamthärte von 16,9. Wenn ich es nicht aufbereite, bilden sich auf der Oberfläche ölige Schlieren wie auf Pfützen vor Autowerkstätten, und nach kurzer Zeit trübt der Tee ein, als wären verderbliche organische Substanzen ausgeflockt.

Die Beschaffenheit des Mainzer Wassers war ähnlich. Im Restaurant Kappa nahmen sie deshalb seinerzeit eines dieser französischen Mineralwässer, Volvic, Vittel oder Evian. Ich habe das später mehrfach selbst probiert, erst neulich wieder, und war – vorsichtig ausgedrückt – nicht überzeugt. Entweder haben die Abfüller dort vor fünfundzwanzig Jahren andere Quellen angezapft, oder mein Geschmacksempfinden hat sich im Lauf der Zeit stark verändert: Die japanischen Grüntees jedenfalls schmecken damit, als hätte ich einen billigen, alten Bancha in die Kanne gegeben.

Die einfachste Art, brauchbares Teewasser zu gewinnen, sind die handelsüblichen Wasserfilter, deren

Kartuschen ein Gemisch aus Aktivkohle und Ionenaustauschern enthalten. Sie reduzieren in erster Linie die Karbonathärte, aber auch Chlor und Schwermetalle. Tauscht man die Kartusche regelmäßig aus, sollte der Tee im Glas transparent sein und im Mund ein Gefühl von Klarheit hinterlassen.

Wie mehr oder weniger alles im Zusammenhang mit Wasser sind auch diese Filter natürlich nicht unumstritten; so lassen sich damit weder hormonelle Rückstände noch mikrobiologische Verunreinigungen entfernen – im Gegenteil: Es besteht die Gefahr, dass sich auf der Aktivkohle Bakterienkolonien ansiedeln. Einige Untersuchungen haben nach dem Filtervorgang eine höhere Keimbelastung gemessen als vorher. Da ich das Wasser jedoch meist koche oder doch zumindest auf gut siebzig Grad erhitze, mache ich mir deswegen keine allzu großen Gedanken. Vermutlich würde auch die biochemische Analyse eines von japanischen Teemeistern geschätzten Quellwassers Spuren unzähliger organischer und anorganischer Substanzen und Verbindungen zutage fördern, die jedoch gerade in ihrer einmaligen Mischung die besondere Eignung dieses Wassers für den Tee ausmachen.

Frage ich Leute im Bekanntenkreis, was sie über die Qualität ihres Leitungswassers denken, sagt mir der eine: »Ich habe mir so einen Sprudelmacher gekauft, weil das Wasser aus der Leitung viel besser ist als das, was da wochenlang in Plastikflaschen vor sich hin fault«, während der Nächste mir erklärt: »Es sind Rückstände von der Antibabypille bis zur Gülle drin – ich benutze es eigentlich nur zum Waschen.«

Da Wasser die Existenzgrundlage für Leben und Überleben auf diesem Planeten bildet, wird es nicht nur wissenschaftlich untersucht, sondern ist darüber hinaus Gegenstand zahlreicher esoterischer Theorien, wobei die Übergänge vom einen zum anderen fließender sind, als die Hüter der Wahrheit dieses oder jenes Lagers uns gern glauben machen wollen. Biochemisch gesehen hat Wasser eine analysierbare Zusammensetzung, die bestimmte Eigenschaften verursacht. Aus Sicht der, sagen wir, mythologischeren Deutungsmuster nimmt es unterschiedliche energetische Aggregatzustände an, die ihrerseits seine Wirkung insbesondere auf lebendige Organismen verändern. So wird Wasser entsprechend den Lehren der ayurvedischen Medizin durch langes Kochen auf der feinstofflichen Ebene mit Energie angereichert und kann dann eine Fülle äußerst segensreicher Wirkungen im Körper entfalten. Andererseits sollte das Wasser für den Matcha in der japanischen Teezeremonie aus vergleichbaren Gründen eben gerade nicht gekocht haben, sondern von vornherein unterhalb des Siedepunkts bleiben. Wobei es vermutlich für den einen wie für den anderen Ansatz wiederum sowohl messbare als auch bis dato nicht messbare Ursachen geben dürfte.

In Berlin findet sich inzwischen eine Reihe von Fachgeschäften, in denen man diverse Apparaturen zur Wasseraufbereitung erwerben kann. Es gibt dort verschiedene Filtersysteme, Wasserverwirbler, Wasservitalisierungsgeräte und auch die klassischen Umkehrosmoseanlagen, die aus vier bis fünf Litern Leitungswasser einen Liter vollständig neutralisiertes

Wasser gewinnen. Ich selber stehe all diesen Dingen gleichermaßen mit leiser Skepsis und wohlwollender Neugier gegenüber. Viele Phänomene, für die früher Dschinn und üble Winde verantwortlich gemacht wurden, lassen sich heute auf die Wirkung von Mikroorganismen, Wellen oder Strahlen zurückführen. Und wer sagt denn, dass nicht demnächst ein Messgerät entwickelt wird, mit dem sich Gründe für bestimmte Eigenschaften von Wasser, die heute vage mit »Energie« beschrieben werden, genauso präzise ermitteln lassen wie Radioaktivität mit dem Geigerzähler?

Vor einigen Jahren hat mir ein Ingenieur erzählt, der für die Bauindustrie in der Betonherstellung arbeitet und esoterischer Höhenflüge eigentlich unverdächtig sein sollte, dass sie in ihrem Unternehmen das Wasser, bevor es in die Mischanlage eingelassen wird, über eine besondere Art keramischer Röhrchen laufen lassen, um bestimmte Stauchungen oder Beschädigungen des Wassers – er sprach von »Clustern« –, die sich mutmaßlich infolge der modernen Pumpverfahren auf der molekularen Ebene gebildet hätten, zu beheben. Wie und warum diese Methode funktioniere, wisse er nicht: Fest stehe, dass anschließend bis zu zwanzig Prozent weniger Wasser für den Beton benötigt würden, während sich sowohl seine Verarbeitungsqualität als auch seine Eigenschaften nach dem Abbinden nachhaltig verbesserten. Bei diesen Röhrchen handelt es sich um sogenannte EM-Keramik. EM steht für »effektive Mikroorganismen«, die in den 1980er-Jahren von dem japanischen Professor für Gartenbau, Teruo Higa, entdeckt wurden und seither auf verschiedene Weise zur Boden- und Wasserverbesserung eingesetzt werden. Im Fall der EM-Keramik wird die Struktur der Mikroorganismen bei Temperaturen zwischen tausendzweihundert und tausendreihundert Grad in die Keramik eingebrannt, sodass sie angeblich unbegrenzt molekulare Informationen an das Wasser weitergibt.

Ich fand – jenseits der eingebackenen Mikroorganismen – zunächst einmal die Idee plausibel, das Wasser, nachdem es unter Hochdruck durch kilometerlange Rohre gepumpt wurde, frei plätschernd über eine Art keramisches Bachbett mit einer, mikroskopisch betrachtet, unendlich gefalteten Oberfläche fließen zu lassen, allein deshalb, weil es auf diesem Weg reichlich Sauerstoff aufnehmen kann und weil das Fließen so etwas wie die natürliche Daseinsform des Wassers ist. Wenn ich es richtig verstanden habe, basieren viele Wasserverwirbler und -vitalisierer zumindest teilweise auf derselben Grundannahme. Wahrscheinlich würde ein Dekantieraufsatz, wie man ihn für Rotweinflaschen kaufen kann, diese Aufgabe beim Wasser ebenfalls erfüllen. Es wäre zumindest einen Versuch wert.

Ich selbst benutze nach wie vor als erste Stufe einen Filter mit Glasgefäß. Aus diesem schütte ich das Wasser in einen alten, zweieinhalb Liter fassenden normannischen Keramikkrug. Von dort kommt es in den ersten, dann in den zweiten meiner beiden Shigaraki-Krüge von Jan Kollwitz, der in seinem *Anagama*-Ofen an der Ostsee traditionelle japanische Holzbrandkeramik herstellt. Im dritten Krug befindet sich seit Kurzem auch eine

Handvoll dieser EM-Keramikröhrchen. Meine nicht repräsentativ ausgewählten Testtrinker, einschließlich meiner selbst, sagen übereinstimmend, dass das Wasser weicher erscheint und der Matcha, den ich damit aufschlage, signifikant weniger bitter schmeckt. Beim Umschütten bemühe ich mich, einen größtmöglichen Abstand zwischen dem Ausguss des einen und der Öffnung des anderen Krugs zu halten – gerade so, wie es der ägyptische Großvater beim Teekochen hielt –, damit eine starke Wasserverwirbelung stattfindet. Schließlich gieße ich dieses Wasser in einen der drei verschiedenen Kessel, die ich derzeit benutze – einer ist aus Edelstahl, einer aus Kupfer, der dritte aus Gusseisen –, und erhitze es auf dem Gasherd. Das ist zwar keine Glut aus handwerklich geköhlerter japanischer Spezialkohle, aber immerhin doch ein richtiges Feuer als Wärmequelle.

Und damit wären wir zurück bei den Materialien der Gefäße.

Mein Freund Ulrich Vollmer, der fünfundzwanzig Jahre persönlicher Schüler des Großmeisters der Edosenke-Teeschule in Tokio war, erzählte mir, dass er in Japan einen Teemeister kenne, der aufgrund des Geschmacks oder auch der energetischen Beschaffenheit des Tees wisse, ob der Kessel, in dem das Wasser erhitzt worden sei, vor oder nach der Momoyama-Zeit hergestellt wurde. Damals, zwischen 1560 und 1640, habe es eine technische Umstellung bei der Eisenverhüttung gegeben, deren Auswirkungen auf das Material derart gravierend gewesen seien, dass zum Beispiel heutige Schwertschmiede sich systematisch auf die Suche nach diesen alten Kesseln machten, weil sich aus deren Eisen der beste Klingenstahl gewinnen lasse.

So weit würde die Genauigkeit meiner Wahrnehmung vermutlich nicht reichen, selbst wenn ich einen echten Momoyama-Kessel zur Verfügung hätte. Aber um festzustellen, dass das Wasser und damit auch der Tee anders schmeckt, je nachdem, ob es in Gusseisen, Kupfer oder Edelstahl erhitzt wurde, braucht man keine besonders feine Zunge. Wer erst einmal angefangen hat, auf diese Unterschiede zu achten, wird seinen Plastikkocher nach kurzer Zeit pietätvoll entsorgen und durch ein Gerät ersetzen, bei dem das Wasser ausschließlich mit Metall oder Glas in Berührung kommt.

Es hat eine Weile gedauert, bis ich dieses erste Staunen, dass der gleiche Tee aus offenporiger japanischer Keramik, billigem chinesischem Exportporzellan und englischem Zinn unterschiedlich schmeckt, zum Anlass für genauere Untersuchungen und Experimente genommen habe. Zunächst wollte ich eigentlich nur den Rat befolgen, den mir Herr Benjowski und Herr Graf unabhängig voneinander gegeben hatten, nämlich insbesondere die feineren chinesischen Tees »sortenrein«, das heißt immer im selben Kännchen, aufzugießen, das dann ausschließlich für diesen Tee reserviert bleiben sollte. Die kleinen Yixing-Kännchen, die für die Zubereitung vieler hochwertiger chinesischer Tees unersetzlich sind, bestehen, ähnlich wie die traditionellen Tokoname-*Kyusu*, aus unglasiertem und dementsprechend offenporigem Ton, in den der jeweilige Tee im Laufe der

Zeit eindringt. Das gespeicherte Aroma verstärkt dann jeden weiteren Aufguss, es würde aber eben auch jeden anderen Tee in seinem Geschmack verfälschen. Das leuchtete mir ein. Außerdem ging ich davon aus, dass die Chinesen sich seit zwei Jahrtausenden mit Tee und Keramik beschäftigten und entsprechend viel Erfahrung in der Kombination eben dieser Yixing-Gefäße mit den entsprechenden Tees steckte.

Etwa zur selben Zeit erwarb ich bei Jan Kollwitz meinen ersten *Yunomi*, einen mittelgroßen japanischen Teebecher aus ebenfalls unglasierter Keramik, der allerdings durch die reine Holzfeuerung im traditionellen Brennverfahren eine natürliche Ascheanflugglasur besitzt. Bis dahin hatte ich meinen Sencha aus einfachen Porzellanschalen getrunken, die der Form nach einen vage japanischen Eindruck vermittelten, de facto jedoch aus der Haushaltswarenabteilung eines großen Supermarkts stammten. Tatsächlich waren Geschmack und Volumen des Senchas aus dem *Yunomi* so anders als vorher, dass die Frau vom Nachbarschreibtisch den neuen Becher umgehend für sich reklamierte und sich seitdem weigert, ihren Tee aus irgendeinem anderen Gefäß zu trinken. Also musste ich einen zweiten kaufen, und mit dem zweiten Stück beginnt bekanntlich die Sammlung.

Was die Trinkgefäße für den Tee angeht, wurde in Japan während der vergangenen gut vierhundert Jahre der größte Variantenreichtum entwickelt.

Parallel zur Etablierung der Teezeremonie kam es dort während der Momoyama-Zeit im Bereich der Keramik zu einem in der gesamten Kunstgeschichte der

Menschheit wohl einmaligen Innovationsschub. Innerhalb von etwa fünfzig Jahren wurden so viele neue Glasuren und Formen entwickelt beziehungsweise aus einheimischen, chinesischen und koreanischen Traditionen übernommen, angepasst und perfektioniert wie während keiner anderen vormodernen Epoche. Das Spektrum der Farben und Dekore reicht vom schwärzesten Schwarz bis hin zu leuchtendem Weiß. Es finden sich Gefäße in nahezu allen Farben von einer Ausdruckskraft, deren Frische und Unmittelbarkeit Betrachter und Benutzer bis heute in ungläubiges Staunen versetzen. Zugleich wurden die verschiedenen Holzbrandkeramik-Traditionen aus ihren bäuerlichen Gebrauchskontexten herausgelöst und in den Kanon der Hochkultur überführt. Jenseits der vielfältigen optischen Reize haben die unterschiedlichen Oberflächenstrukturen, die sich aus den Unterschieden im verwendeten Ton, der chemischen Zusammensetzung der Glasuren und der jeweiligen Feuerungstechnik ergeben, natürlich Auswirkungen auf Geschmack und Beschaffenheit des Tees. Ich habe bislang keine Quellen zu diesem Themenkomplex gefunden, doch da die Teemeister dieser Zeit allergrößte Aufmerksamkeit auf jedes scheinbar noch so nebensächliche Detail gelegt haben, gehe ich davon aus, dass die Zusammenarbeit mit den Keramikern nicht nur der Entwicklung ansprechender Dekore diente, sondern dass darüber hinaus auch die Eigenschaften der *Chawan* im Hinblick auf die geschmackliche und – noch einmal diese diffuse Kategorie – energetische Qualität des Tees verbessert werden sollten. Ab dem späten 19. Jahrhundert fand dieses Erfahrungswissen dann

Eingang in die Produktion der Gefäße für die zunehmend populären Aufgusstees. Im Regal meiner Versuchsküche befinden sich inzwischen gut dreißig japanische Becher und Schalen aus unterschiedlichen Keramiktraditionen, darunter Imari- und Arita-Porzellan, Holzbrand-*Yunomis* aus Shigaraki, Bizen und Tanba, Stücke in der dicken beigefarbenen Hagi- beziehungsweise weißen Shino-Glasur. Dem gegenüber stehen Teekannen verschiedensten Typs. Tatsächlich haben beide einen etwa gleich großen Einfluss auf den Tee, und längst nicht jede Kanne führt in Kombination mit jedem Becher zu überzeugenden Ergebnissen. Selbst verschiedene japanische Tees geraten nicht in jeder Kanne gleich und kommen nicht mit jedem Becher zurecht. Ich mache oft Reihen aus drei bis fünf Bechern, verteile dann eine Kanne Tee zügig auf alle, probiere selbst und lasse Gäste oder die Frau vom Nachbarschreibtisch probieren. Wenn die anderen denselben Geschmackseindruck haben wie ich – was erstaunlich oft der Fall ist –, gehe ich davon aus, dass wir uns das nicht gemeinsam eingebildet haben. Je heikler eine Teesorte in der Zubereitung ist, desto genauer muss ich bei der Auswahl der Gefäße vorgehen. Anfangs führte das zu vielen Fehlversuchen, doch im Laufe der Zeit stellte sich eine relativ präzise Intuition dafür ein, welcher Tee welche Gefäße »mögen« könnte. Manchmal helfen dann auch gänzlich unorthodoxe Lösungen: Nach seiner letzten Japanreise kam Jan Kollwitz mit einem Beutel sehr exquisiten Senchas zu mir, den er aus Kyōto mitgebracht hatte. Er hatte den Tee im Geschäft versucht, und dort war er von derart subtilem und vielschichtigem Aroma gewesen, dass er trotz des sehr hohen Preises einen Beutel gekauft hatte. Doch zu Hause in Cismar schien vom Geschmack des Tees nichts mehr übrig zu sein – trotz Umkehrosmosewasser, einem *Kyusu* aus der Hand des einzigen lebenden Nationalschatzes für die Tokoname-Keramik, Yamada Josan III., und einem Becher des großen zeitgenössischen Shino-Meisters, Yamada Kazu.

Wir nahmen den trockenen Tee in seiner Beschaffenheit noch einmal gründlich in Augenschein, rochen so präzise wie möglich und spürten dem Ungreifbaren nach, das seine eigenen Informationen enthält. Dann standen wir vor meinem Regal mit den Gefäßen und glichen auf eine sehr präzise, aber nicht messbare, nicht einmal genau beschreibbare Weise die Eindrücke, die der Tee hinterlassen hatte, mit den inneren Beschaffenheiten der Schalen, Becher und Kännchen ab. Schließlich wählten wir ein Tokoname-*Kyusu* aus dem späten 19. Jahrhundert, das ich sonst nie benutze. Es ist aus hauchdünnem, weiß-braun marmoriertem Ton und vermutlich bei höherer Temperatur gebrannt als die schwereren aus dem roten Ton. Dazu nahm ich eine kleine Porzellanschale mit blauer Unterglasurmalerei, ebenfalls aus dem 19. Jahrhundert, allerdings gefertigt von der Thüringer Porzellanmanufaktur F. C. Greiner & Söhne, Rauenstein. Schließlich entschied ich mich für achtzig statt siebzig Grad heißes Wasser und ließ den Tee vierzig Sekunden ziehen. Nachdem er den ersten Schluck probiert hatte, nickte Jan Kollwitz und sagte: »Fantastisch: Jetzt schmeckt er tatsächlich wieder so wie in dem Laden, wo ich ihn gekauft habe.«

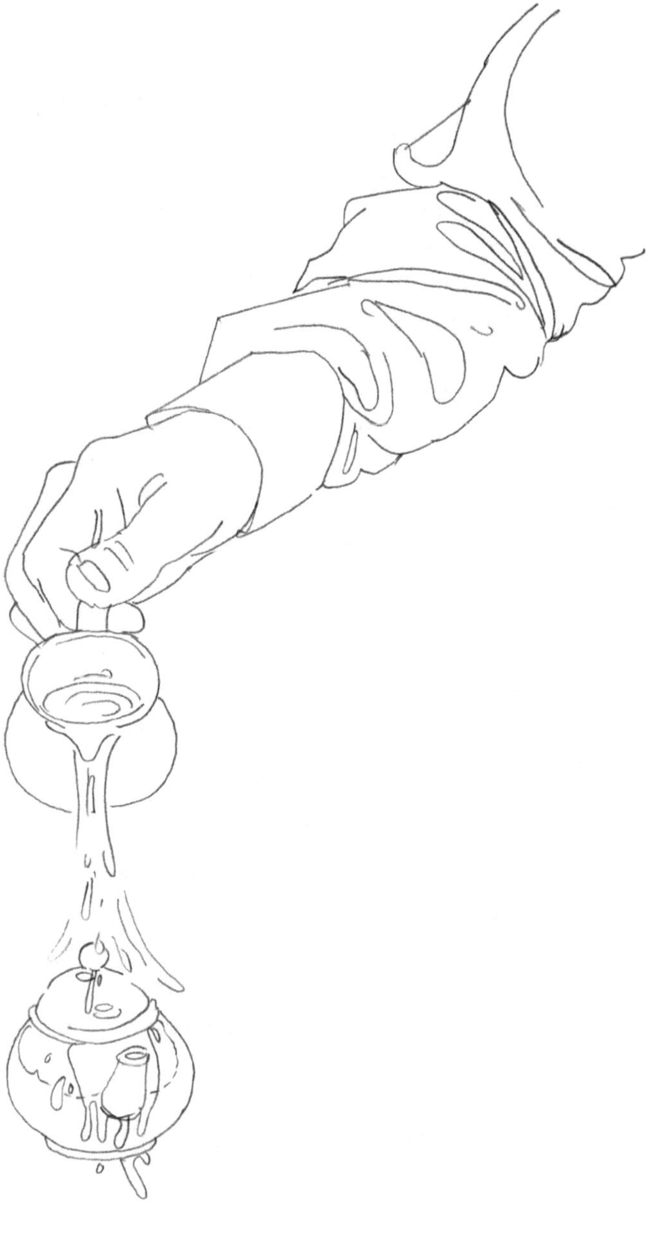

7. China

Streng genommen hätte ich sowohl aus botanischen wie aus kulturgeschichtlichen Gründen natürlich in China beginnen müssen. »China – Homeland of Tea« war im Flughafen von Peking großflächig plakatiert, als ich im Februar 2004 zum ersten Mal dort landete. In der 20. Auflage des Brockhaus aus dem Jahr 1998 ist noch von Assam als Heimat der Teepflanze die Rede, inzwischen scheinen sich die Experten jedoch weitgehend einig zu sein, dass der Tee aus China stammt. Tatsächlich gibt es neben dem chinesischen Teestrauch, Camilla sinensis var. sinensis, der sich vom Hochland der Provinz Sichuan entlang der Ufer des Jangtse-Flusses nach Süden ausgebreitet hat, eine weitere Art, Camilla sinensis var. assamica, von baumartigem Wuchs mit mutmaßlichem Ursprung in Nordostindien, Myanmar und Bangladesch. Einige Botaniker spekulieren allerdings, dass es sich bei Camilla sinensis var. sinensis bereits um eine im frühzeitlichen China kultivierte Form der Wildpflanze aus Assam handeln könnte, woran man sieht, dass auch die exakten Wissenschaften bei der Wahrheitsfindung nicht immer hilfreich sind.

Definitiv keinen Zweifel gibt es daran, dass der Tee als Heil- und Genussmittel in China entdeckt wurde und dass es die Chinesen waren, die mit der systematischen Kultivierung der Pflanze begonnen haben.

Neben der Erzählung von Bodhidharmas abgerissenen Augenlidern gibt es noch einen zweiten Mythos um die Anfänge der Teekultur. In ihrem Zentrum steht der sagenhafte »Kaiser der fünf Getreide«, Shennong, der um 2600 v. Chr. gelebt und regiert hat. Shennong wurde über Jahrtausende als Ahnherr des chinesischen Ackerbaus verehrt und genoss einen gottgleichen Status. Zahlreiche Tempel waren ihm geweiht. Er soll Hacke, Pflug und Axt erfunden und seine Landsleute das Graben von Brunnen sowie die Anlage von Bewässerungssystemen gelehrt haben. Darüber hinaus gilt er als Begründer der chinesischen Medizin, einschließlich der Akupunktur. Die Ergebnisse seiner Untersuchungen von 365 Pflanzen und anderen Wirkstoffen sind in »Des Göttlichen Landmanns Buch von Wurzeln und Kräutern« niedergelegt, dessen früheste Fassung allerdings aus der Zeit der Westlichen Han-Dynastie (207 v. Chr. – 9 n. Chr.) stammt. Der Tee kam zu ihm gleichsam als Geschenk des Himmels: Als Shennong sich eines Tages zur Rast auf einer Lichtung niedergelassen und seinen Kessel aufs Feuer gestellt hatte, um Wasser zu kochen, wehten von einem wilden Teebaum in der Nähe einige Blätter dort hinein. Da Shennong von nie ermüdender Neugier war, fischte er weder die Blätter heraus, noch leerte er den Kessel, sondern probierte den Sud und erkannte sogleich den außerordentlichen Wohlgeschmack, den sie dem heißen Wasser verliehen hatten. Aufgrund seiner Erfahrung und Intuition für das Wesen der Substanzen wird er vermutlich auch gespürt haben, dass dieser Baum vielfältige Heilwirkungen für den Menschen bereithielt.

Später, nachdem er sich bei einem seiner medizinischen Versuche selbst vergiftet hatte, war es Tee, der ihn wieder gesund machte.

Wer Wert auf historisch schlüssige Abläufe legt, hat natürlich Schwierigkeiten, beide Erzählungen miteinander in Einklang zu bringen. Bodhidharma dürfte sich seine müden Augenlider erst dreitausend Jahre nach Shennongs frühesten Teestudien abgerissen haben, was bedeuten würde, dass Shennong den Tee bereits in seinen Eigenschaften und Wirkungen erforscht hätte, noch bevor die Pflanze überhaupt ins Dasein gebracht worden wäre. Solche Widersprüche ändern zum Glück nichts an der Wahrheit von Geschichten.

Unterstützt von Kaiserhof und Aristokratie, Dichtern und Gelehrten, beschäftigen sich chinesische Teegärtner, Pharmakologen und Liebhaber seit rund viertausendfünfhundert Jahren mit der Kultivierung des Teestrauchs sowie der Verbesserung von Verarbeitung und Zubereitung seiner Blätter. Sie entwickelten immer neue Verfahren der Trocknung, Konservierung und Fermentierung, verschiedenste Weisen, ihn aufzubrühen und zu servieren. Bereits während der Song-Dynastie (960–1279 n. Chr.) wurden landesweite Wettbewerbe ausgerufen, um die besten Sorten zu küren, und Rituale rund um die Verkostung etabliert. Dementsprechend vielfältig sind auch die Tees, die es in China gibt: von den Pu-Erh-Ziegeln mit ihrem erdigen Geschmack oder dem rauchigen Lapsang Souchong, dem bittersüßen schwarzen beziehungsweise in chinesischer Terminologie roten Keemun über die würzigen dunklen und die duftigen hellen Oolongs bis hin zu den unterschiedlichsten grünen, gelben und weißen Sorten.

Abgesehen von erwähntem Rauchtee zu Internatszeiten waren die chinesischen Tees allerdings die letzten, die in meinen Kannen gelandet sind – beziehungsweise sie brachten ihre eigenen Kannen und Kännchen mit in meine Küche. Sowieso stand ich aufseiten Tibets und pflegte eine latente Abneigung gegen China. Dort wurden immer noch gigantomanische Parteitage abgehalten, und man steckte gern Leute für das falsche Gedicht ins Gefängnis. »Made in China« war ein Synonym für ohne Rücksicht auf Mensch und Natur produzierte Billigware. Dass ich sie überhaupt versucht habe, verdankt sich der Hartnäckigkeit und Überzeugungskraft meiner Teehändler, die mich in zahlreichen Gesprächen, wenn ich eigentlich Sencha, Matcha oder einen guten Darjeeling kaufen wollte, so neugierig machten, dass ich meine Vorbehalte gegen chinesische Politik und Produktion schließlich ebenso hintanstellte wie meine Überzeugung, dass die Japaner sicher längst das Äußerste an Geschmack aus dem Tee herausgeholt hätten, es also keinen Grund gab, mich mit pestizidverseuchten Vorstufen zu beschäftigen.

Der erste Longjing aus Hangzhou am Westsee, den ich nach Hause trug, schmeckte allerdings sehr gut und hinterließ ein angenehm warmes Gefühl im Körper, wenn ich ihn auch, verglichen mit meinen Senchas, ein bisschen arg leicht fand.

Einige Wochen später – inzwischen hatte ich auch einen ersten Anji Bai Cha und einen weißen Yin Zhen

(Silbernadel) probiert – bekam ich die Einladung, für einen Vortrag auf chinesische Staatskosten nach Peking zu reisen, und sagte zu. Im nächsten Moment wurde mir klar, wie heikel der Balanceakt sein würde, auf den ich mich eingelassen hatte, und ich fing an, mir Gedanken zu machen, ob und auf welche Weise ich den Dalai Lama, die Freiheit der Kunst oder die Umweltverschmutzung zur Sprache bringen sollte. Da ich regelmäßig Zeitung las und die Nachrichten aus aller Welt aufmerksam verfolgte, ging ich selbstredend davon aus, dass ich dazu nicht nur eine fundierte Meinung hätte, sondern womöglich sogar moralisch verpflichtet wäre, sie lautstark zu äußern.

Mein Ansprechpartner, Herr Wang Shen, der sich umgehend per E-Mail bei mir meldete, war Mitte dreißig und Lektor für deutsche Literatur in einem großen chinesischen Staatsverlag. Bereits Wochen vor der Reise erkundigte er sich eingehend, was mich in China und Peking besonders interessieren würde, da es neben den offiziellen Veranstaltungen auch ein Rahmenprogramm geben solle, das selbstverständlich nach meinen Wünschen zusammengestellt werde. Ich schrieb ihm auf peinlich direkte Art gleich mehrmals, dass ich besonders neugierig auf das chinesische Essen und den chinesischen Tee sei. Daneben wolle ich aber natürlich auch unbedingt chinesische Altertümer, Architektur und Malerei anschauen.

Während der sechs Tage, die ich dann in Peking war, bestand die Hauptaufgabe von Wang Shen darin, mich mit einer schwarzen amerikanischen Limousine samt eigenem Chauffeur, Herrn Li – einer chinesischen Ausgabe von Humphrey Bogart, der noch cooler rauchte und noch weniger redete als das amerikanische Original –, von morgens neun bis abends neun zu Palästen, alten Gärten, Museen, Märkten und schließlich auch zur Großen Mauer zu kutschieren. Als kritischer Europäer, dem man so leicht nichts vormachte, wusste ich natürlich, dass all das nur inszeniert wurde, damit ich später zu Hause erzählte – am besten schrieb –, wie großartig China wäre und was für ein wunderbares Volk die Chinesen seien. Die absoluten Höhepunkte jedes Tages – jenseits der Verbotenen Stadt oder des Neuen Sommerpalastes – bildeten Mittag- und Abendessen in den besten Pekinger Restaurants. Sie waren sorgfältig ausgewählt, schließlich sollte ich einen Eindruck von den verschiedenen kulinarischen Traditionen und Spezialitäten des Landes bekommen. Jedes Mal standen mindestens zehn, meist fünfzehn oder zwanzig Speisen für drei Esser auf dem Tisch: In einem feudalen Beamtenpalais wurde kaiserliche Palastküche serviert, jedes Gericht ein Kleinkunstwerk – bei den meisten konnte ich nicht einmal die Zutaten identifizieren. In einer alten Hofanlage bereiteten sie rustikale Landküche zu, es gab einen ganzen Schwarm kleiner Barben in scharfer Bohnensoße; in der Schüssel mit dem Hühnchen befanden sich auch dessen Kopf und Füße, die Wang Shen und Herr Li genüsslich abnagten. Ein Lieblingsrestaurant der Schönen und Reichen mit kühn modernistischer Einrichtung hatte hinter dem Eingang eine ganze Wand aus Aquarien, in denen Fische, Garnelen, Hummer, Krebse und sogar Schildkröten schwammen. Sie wurden von den Gästen lebendig ausgewählt, dann präsentierte der Kellner sie noch einmal zappelnd in einem Weidenkorb, und zwanzig Minuten später brachte er sie, im Stil einer chinesischen Nouvelle Cuisine zubereitet, an den Tisch. An einem Mittag besuchten wir eine Peking-Enten-Rösterei, probierten verschiedene Vorgerichte rund um die berühmte Ente, schließlich die knusprige Haut mit Pfannkuchen und Pflaumensoße. Abends saßen wir in einem mongolischen Restaurant, wo neben rustikalen Buchweizennudeltaschen scharfe Fleischspieße und ein Kesselragout aus grob zerhackten Hammelrippen aufgetischt wurden. Hier gab es keine Stäbchen, sondern alle aßen mit den Händen direkt aus dem Topf – wer wollte, konnte sich Plastikhandschuhe überstreifen. Da Wang Shen aus dem chinesischen Teil der Mongolei stammte, wo ähnliche Trinkgewohnheiten gepflegt wurden wie am Niederrhein, bestellte er zu jedem Essen eine Halbliterflasche chinesischen Schnaps, die wir zu zweit leerten. Wenn sein unmittelbarer Vorgesetzter, der Verleger und andere Gäste mit am Tisch saßen, gab es entsprechend mehr Schnaps. Es folgten unzählige Reden und Trinksprüche, die allesamt mit einem vollen Becherchen auf ex begossen wurden. Kulinarisch gesehen war die Reise der absolute Höhepunkt meines Lebens. Sie hatte allerdings einen nicht geringen Anteil daran, dass ich den Gebrauch alkoholischer Getränke ein Dreivierteljahr später unter ärztlicher Aufsicht endgültig einstellte und zum reinen Teetrinker wurde. In Peking selbst kam die Teeverkostung entsprechend zu kurz. Ich kann mich nicht erinnern, außer zum Frühstück im

Hotel überhaupt Tee getrunken zu haben. Die gelockerte Stimmung sorgte jedenfalls dafür, dass ich mich all die kritischen Fragen zu stellen traute, für die ich mich vor der Reise schon in Heldenpose einem chinesischen Untersuchungsrichter gegenübergesehen hatte. Doch statt peinlich berührten Räusperns oder ängstlichen Schweigens legten mir sowohl Wang Shen als auch sein Vorgesetzter, Herr Liao, und der Präsident, Herr Xin Zhao, der als junger Mann zehn Jahre in den Arbeitslagern der Kulturrevolution eingesessen hatte und jetzt einen der wichtigsten Staatsverlage leitete, historische Entwicklungen und die Probleme der Gegenwart so schonungslos dar, wie nur irgendein Deutscher über seine Regierung hätte sprechen können. Sie spannten Bogen, die bis in die Zeit der mythischen Kaiser reichten, analysierten die Rolle der Partei ebenso unsentimental, wie sie über die Risiken einer überstürzten Demokratisierung nachdachten und die unterschiedliche Schwerpunktsetzung im Verhältnis von Individual- und Kollektivrechten in der chinesischen und den westlichen Gesellschaften reflektierten. All das formulierten sie oft mit spitzer Zunge und fast immer mit sehr viel Humor. Es fielen zahlreiche Namen von Politikern, Staatstheoretikern und Weisen, doch die Einzigen, von denen ich je gehört hatte, waren Mengzi, der in Europa Menzius genannt wird, Mao und Deng Xiaoping: Offensichtlich wusste ich, trotz *Deutschlandfunk* und *Tagesthemen*, rein gar nichts über die Geschichte und den gegenwärtigen Stand der chinesischen Gesellschaft, und so beschränkte ich mich in meinem Vortrag schließlich darauf, stark verkatert und etwas zittrig über den großen chinesischen Dichter und heiligen Trinker Li Bai zu sprechen, dessen rebellischer Radikalindividualismus dem östlichen Bedürfnis, den Einzelnen den Vorgaben des Staates unterzuordnen, ebenso entgegenstehe wie den westlichen Versuchen, ihn dem Diktat der Effizienz zu unterwerfen. Auf diese Weise halte Li Bai über einen Abstand von mehr als tausend Jahren beiden Gesellschaften gleichermaßen einen Spiegel vor, wie es von alters her die Aufgabe der Dichter sei.

Obwohl ich bei keinem Essen den Wunsch geäußert hatte, Tee statt Schnaps zu trinken, hatte Wang Shen mein grundsätzliches Interesse am Tee natürlich nicht vergessen, und so brachte er mich am letzten Nachmittag in ein exklusives Teegeschäft, das eine große Auswahl erstklassiger Sorten führte. Ich war nie besonders gut im Kopfrechnen, aber schon beim groben Überschlagen der Yuan-Preise stellte ich fest, dass ich hier keineswegs herausragende Spezialitäten zum Schnäppchenpreis würde mitnehmen können, im Gegenteil: Selbst die einfacheren Tees, ohne aufwendig gestaltete Dose in mit Seide ausgeschlagener Holzkiste, kosteten umgerechnet dreißig oder vierzig Euro für hundert Gramm. Wang Shen, der meine Kapitalkraft offenbar deutlich überschätzte, ließ den Verkäufer immer neue Kostbarkeiten öffnen, übersetzte, von welchem Teebauern in welchem Anbaugebiet sie wie genau hergestellt worden waren und wie ich sie zubereiten sollte. Ich hörte aufmerksam zu, gab mich sehr beeindruckt, während ich gleichzeitig angestrengt darüber nachdachte, wie ich diesen Laden verlassen könnte, ohne ihn zu blamieren und mein Gesicht zu verlieren oder Wang Shens Ansehen zu gefärden. Am Ende war er wohl ein bisschen enttäuscht, dass ich lediglich hundert Gramm Ti Kuan Yin Oolong und einen berühmten grünen Tee namens »Der weiße Affenkönig« kaufte, beide in – für chinesische Verhältnisse – eher mittlerer Qualität.

Nachdem ich die Tees zu Hause ausgepackt und auf den Küchentisch gestellt hatte, mir noch einmal klarmachte, dass dort tatsächlich zwei Päckchen für fünfundvierzig beziehungsweise sechzig Euro standen, für die ich keine brauchbare Kanne besaß, beschloss ich, noch bevor ich den ersten Aufguss machte, ins Teegeschäft von Herrn Benjowski zu gehen und zumindest ein echtes Yixing-Kännchen anzuschaffen. Außerdem wollte ich mir noch einmal erklären lassen, was genau ich bei der Zubereitung beachten musste, denn in Peking war mein schnapsgetränktes Hirn nicht gerade auf dem Höhepunkt seiner Merkfähigkeit gewesen.

Nach einer ausführlichen Beratung kaufte ich ein schönes Stück in einer klassischen Form aus hauchdünnem Ton, gefertigt in einer kleinen Manufaktur. Allein die Präzision, mit der sie den Deckel in den Kannenkorpus eingepasst hatten, ließ mich staunen: Zwischen den beiden Rändern war gerade so viel Spielraum, dass Luft entweichen konnte, wenn ich den Deckel aufsetzte – nicht einmal ein Baumwollfaden hatte dazwischen Platz. Es sollte für den Oolong reserviert bleiben – den »Weißen Affenkönig« wollte ich vorerst in einer Kanne aus Meißner Porzellan aufgießen, bis ich eine alte chinesische gefunden hätte.

Traditionelle Kännchen aus der Keramikstadt Yixing sind sehr klein, oft noch kleiner als die japanischen *Hobin.* Sie bestehen ursprünglich aus einem rötlichen Scherben – *Zisha* genannt –, der den Tee aufnimmt und speichert, sodass sie mit jeder Benutzung besser werden, vorausgesetzt, man gießt immer die gleiche Sorte in ihnen auf. Später wurden in tieferen Erdschichten neben dem roten auch schwarzviolette und sandfarbene Lehmvorkommen entdeckt und verarbeitet. Grabungsfunde aus der Gegend belegen, dass dort seit fünftausend Jahren Keramik gebrannt wird. Kannen in der heutigen Form werden seit der Ming-Dynastie hergestellt, die ältesten stammen aus dem frühen 16. Jahrhundert.

Yixing-Gefäße sind die wichtigsten Utensilien bei der chinesischen Teezeremonie, *Gongfu Cha,* insbesondere, wenn Oolong-Tee zubereitet wird – wobei man ihn am Ende häufig aus einem Porzellankännchen serviert.

Meist benutzt man ein spezielles Tischchen aus Bambus oder einem sehr harten Holz, mit einer durchbrochenen Platte, durch die Wasser in den Auffangkasten darunter abfließen kann. Dazu gibt es ein kleines Besteckset aus Löffel, Zange, Trichter und einer Art Dorn, mit dem man Teeblätter, die sich in der Tülle festgesetzt haben, in die Kanne zurückschieben kann.

Auch bei den Oolongs kommt für westliche Verhältnisse extrem viel Tee in die Kanne – sie sollte zu gut einem Drittel damit gefüllt sein. Man übergießt die Blätter mit sehr heißem, aber nicht kochendem Wasser, das nach einem kurzen Ausschwenken der Kanne gleich wieder fortgeschüttet wird. Der Vorgang dient dazu, den Tee zu reinigen, vor allem aber müssen die Blätter vorquellen, damit sie anschließend ihr Aroma besser abgeben. Ich lasse sie für etwa eine Minute in Ruhe – so haben es mir meine Teehändler geraten –, in der Zwischenzeit haben sie sich auf das Doppelte bis Dreifache ihres Trockenvolumens ausgedehnt und füllen das Kännchen vollständig aus. Dann kommt wiederum fünfundachtzig bis neunzig Grad heißes Wasser hinein, und das ganze Kännchen wird bei geschlossenem Deckel mit heißem Wasser übergossen, was angeblich – ich habe dieses und jenes darüber gehört – die Reaktion des Tees mit dem Sauerstoff und den gespeicherten Aromen im Scherben verbessert. Manche nehmen zum Übergießen auch die »Teespülung«, die sie zum Vorwärmen in das Servierkännchen geschüttet haben. Die darin enthaltenen Spuren verleihen der Kanne im Laufe der Jahre eine besonders schöne Patina.

Ich lasse den ersten Aufguss etwa fünfundzwanzig Sekunden ziehen. Danach wird der Tee bitter, und da sehr wenig Wasser sehr viel Tee umspült, ist er schnell völlig ungenießbar. In einer richtigen *Gongfu Cha* wird der Tee anschließend durch ein feines Sieb in das Servierkännchen, von dort in hochwandige Duftbecher von der Größe eines Schnapsglases ausgegossen und den Gästen gereicht, die ihn ihrerseits in flachere Trinkschälchen umschütten. Bevor sie jedoch probieren, führen sie die Duftbecher an die Nase, um ausgiebig das wunderbare Parfum des Tees zu genießen, das darin verblieben ist. Ich benutze Duftbecher nur äußerst selten und verteile den Tee stattdessen aus dem Porzellankännchen gleich auf die Trinkschalen. Auch wenn er nur sehr kurz gezogen hat, ist er von unbeschreiblicher Intensität und Feinheit. Die ersten Schlucke, die ich von meinem selbst importierten Ti Kuan Yin versucht habe, zählen zu den herausragenden Geschmackserlebnissen meines Teetrinkerlebens – vergleichbar allenfalls der Frühlingswiesenessenz im Sencha-Becher.

Wenn ich einen guten Oolong im Kännchen habe, wird er jetzt mit jedem weiteren Aufguss erst einmal besser. Der Tee gibt seinen Geschmack sehr schnell ab, zehn Sekunden Ziehzeit reichen, und sieben bis acht Aufgüsse kann ich auf jeden Fall machen. Obwohl gerade die hellen Oolongs, wie der Ti Kuan Yin oder auch viele taiwanesische Sorten, sehr leicht schmecken, enthalten sie doch eine Menge Koffein, und wer darauf empfindlich reagiert, sollte es zumindest anfangs bei drei oder vier Schälchen belassen. Dunkle Oolongs, wie den Phoenix Dan Cong oder den Da Hong Pao (»Das große rote Gewand«), bereite ich im Prinzip genauso zu, wobei ich hierfür fast schwarze Yixing-Kännchen bevorzuge. Die dunklere Farbe des Scherbens entsteht nicht nur durch die andere Tonsorte, sondern hängt auch mit einer höheren Brenntemperatur zusammen. Dadurch wird die Keramik insgesamt dichter, was nach meiner Erfahrung den kräftigen Teesorten besser bekommt.

Für grüne oder weiße Tees benutze ich größere rote Yixing-Kannen, die etwa vierhundert Milliliter fassen und ca. achtzig Grad heißes Wasser. Ich lasse sie je nach Gefühl zwei bis drei Minuten ziehen, bevor ich sie in eine Porzellankanne umschütte. Das Umschütten des

Tees hat nicht nur den Zweck, das Ziehen der Blätter zu beenden, sondern es dient wiederum seiner Anreicherung mit Sauerstoff.

Seit Kurzem habe ich eine Kanne aus sogenanntem Batavia-Porzellan. Batavia ist der Name der niederländischen Handelsniederlassung im Gebiet des heutigen Jakarta, über die vom frühen 17. bis zum Ende des 18. Jahrhunderts große Mengen an Gütern, insbesondere auch Porzellane aus China, für den europäischen Markt umgeschlagen wurden.

Meine Kanne hat außen die für diese Exportwaren typische kaffeebraune Glasur, darin zwei seitliche Felder mit Blumendekor in blau-weißer Unterglasurmalerei, und tatsächlich führt die Kombination eines alten Yixing-Scherbens für den Aufguss mit einer alten chinesischen Porzellankanne zum Servieren zu den besten Ergebnissen bei den meisten chinesischen Grüntees.

Es scheint so, als liefen auf der molekularen Ebene im Kontakt des Tees mit den unterschiedlichen keramischen Oberflächen über die reine Sauerstoffaufnahme hinaus Reaktionen ab, die zusätzlich den Geschmack verändern. Inzwischen bin ich überzeugt, dass in China – nicht anders als in Japan – Teemeister in direktem Austausch mit den Keramikern ihrer jeweiligen Region und Epoche Tonaufbereitung, Glasurmischung und Brennweisen gezielt auf die Teezubereitung abgestimmt haben.

Wobei es natürlich Überschneidungen gibt. So habe ich zum Beispiel ein für den japanischen Markt hergestelltes Yixing-*Kyusu*, aus dem der Sencha hervorragend schmeckt.

Aus Gründen, die Physiker und Chemiker unter dem Elektronenmikroskop vermutlich ermitteln könnten, hat die industrielle Optimierung der keramischen Glasuren im 20. Jahrhundert allerdings dazu geführt, dass die meisten modernen Porzellane den Tee in seiner Entfaltung nicht unterstützen. Die Oberflächen sind nahezu versiegelt und verhalten sich so neutral wie Glas. Für kräftige englische, ostfriesische oder orientalische Schwarztees mag das gut sein, den meisten Grüntees hingegen, insbesondere den chinesischen mit ihren feinen Aromanuancen, bekommt es nicht.

Allerdings gibt es, gerade in Bezug auf Glas, auch ganz andere Auffassungen. Ein Online-Teeversand, der sehr hochpreisige Sorten vertreibt, empfiehlt ausdrücklich ein *Gongfu Cha*-Set aus Glas, was – da das Material neutral, ja sogar spülmaschinenfest ist – den Vorteil hat, dass man nicht zehn Kännchen, sondern nur eines benötigt, wenn man eine gewisse Auswahl chinesischer Tees trinken will. Und Herr Benjowski sagte mir, ausgehend von seinen Erfahrungen in China: »Sie können Ihren Longjing auch einfach in ein Glas geben, mit Wasser überbrühen und warten, bis die Blätter sich abgesetzt haben – das ist dort sehr verbreitet.«

Leider hat diese Methode bei mir nie funktioniert. Auch nach zehn Minuten – selbst der mildeste Longjing war längst bitter – schwammen immer noch zahlreiche Blätter an der Oberfläche und landeten in meinem Mund … Abgesehen davon machen Experimente mit schönen Kannen, Schalen, Tassen und Bechern auch einfach viel mehr Spaß.

8. ... *noch einmal Teezeremonie*

Für die Arbeit an dem Roman *Mitsukos Restaurant*, dessen heimliches Zentrum eine bedeutende antike *Chawan* bilden sollte, musste ich mich schließlich auch praktisch mit der japanischen Teezeremonie beschäftigen, denn die Schwierigkeiten, die Achim Wiese, die männliche Hauptfigur, beim Aufschlagen eines Matchas haben würde, ließen sich Bildern oder Videos ebenso wenig entnehmen wie die Fehler und Nachlässigkeiten, die Mitsuko unterliefen, wenn sie für Achim gegen Ende des Buches ihre Schulmädchenkenntnisse über die *Chanoyu* wieder ausgraben und ihn zu einer intimen Teezeremonie nach Hause einladen würde.

Es war fast zehn Jahre her, dass ich Matcha im Kappa probiert hatte, und die Erinnerungen an Geschmack und Konsistenz des Tees waren vage – welche Dinge die Wirtin damals auf welche Weise benutzt hatte, wusste ich längst nicht mehr.

Anfangs dachte ich, im Rahmen der Recherche würde es reichen, wenn ich mir den Geschmack noch einmal vergegenwärtigte. Ich kaufte ein Döschen Matcha sowie einen *Chasen*, das schneebesenartige Gebilde aus Bambus, mit dem man den Tee aufschlägt. Für die Zubereitung selbst entschied ich mich, eine der Müslischüsseln zu nehmen, die im Küchenschrank standen. Von Form und Größe her ähnelten sie den alten koreanischen *Ido*-Schalen, die in Japan neben den *Raku-Chawan* von Chōjirō die höchste Verehrung genossen.

Zwar hatte mir Herr Graf beim Kauf in groben Zügen erklärt, wie ich den Tee zubereiten müsse, nichtsdestoweniger war das Ergebnis meiner ersten Versuche ein Sud voller Klümpchen von gewöhnungsbedürftiger Konsistenz, der so bitter schmeckte, dass sich mir schaudernd die Mundschleimhäute zusammenzogen. Zum Glück wusste ich, dass ein Schüler in Japan, unabhängig davon, auf welchen der traditionellen Wege er sich begibt, früher oder später an die persönlichen Schmerzgrenzen geführt wird, und nahm die anfänglichen Misserfolge als Prüfung, die es in Geduld und Beharrlichkeit zu bestehen galt. Zunächst versuchte ich, die Geschwindigkeit beim Hinundherschlagen des Bambusbesens zu erhöhen, um wenigstens die Klümpchen zu beseitigen. Das führte allerdings nur dazu, dass ein Großteil des Tees auf der Abstellfläche landete. Mehrfach schaute ich mir die DVD des *Rikyū*-Spielfilms an, doch weder ließ sich den entsprechenden Szenen entnehmen, wo meine Fehler lagen, noch stellte sich ein Gefühl für die innere Struktur des Vorgangs ein, wie ich es brauchte, um ihn beschreiben zu können. Ich kaufte weitere Bücher zum Thema, las allerhand Tiefsinniges über kulturhistorische Bedeutung und spirituelle Dimensionen der Teezeremonie, doch leider stand nirgends, wie man – rein praktisch – eine wohlschmeckende Schale Matcha zubereitete.

Je weiter ich mich in die Romanhandlung vertiefte, desto klarer wurde mir außerdem, dass sich eine Geschichte, deren zentrales Objekt eine berühmte Teeschale sein sollte, kaum schreiben ließ, ohne dass ich eine original japanische *Chawan* in der Hand gehabt hätte. Ich geriet in mittelschwere Verzweiflung, wie sie für den Beginn von Romanen typisch ist, stellte das ganze Buch infrage, überlegte, ob sich die Teezeremonie-Szene – das Kernstück der Handlung – durch ein romantisch verunglücktes Abendessen bei Kerzenlicht ersetzen ließe, was natürlich Unsinn war.

Dann hatte ich Geburtstag, und der Frau vom Nachbarschreibtisch, die meine Krisen und Klagen immer geduldig erträgt, war es tatsächlich in aller Heimlichkeit gelungen – ich hatte keine Ahnung, wie und wo –, eine schwarze *Raku-Chawan* für mich aufzutreiben. Ich hielt vor Ehrfurcht den Atem an, als ich das Stück aus der signierten Kiste hob. Ohne Zweifel handelte es sich um einen sakralen Gegenstand von hohem Rang. Zunächst traute ich mich gar nicht, sie zu benutzen, nahm sie nur immer wieder in die Hand, um sie mit mir vertraut zu machen und um meine eigene Furcht zu verlieren, sie könnte mir, mithilfe welcher dunklen Mächte auch immer, aus der Hand fallen und zerbrechen.

Von einer solchen Schale hatte ich schon im Internat geträumt, war aber immer davon ausgegangen, dass es keine Hoffnung gab, jemals dergleichen zu besitzen. Mit meiner *Chawan* fasste ich neuen Mut, dass es mir vielleicht doch allmählich gelingen könnte, den vielfältigen Geheimnissen der Teezeremonie auf die Spur zu kommen. Nach gut drei Wochen hatte ich die Schale oft genug ausgepackt, hin und her bewegt, abgestellt und still betrachtet, sodass ich erneut zu einem Teehändler, diesmal zu Herrn Benjowski, ging, um als Zeichen meines guten Willens den besten Matcha zu kaufen, den er im Angebot hatte.

Herr Benjowski versicherte mir, dass ich begeistert sein würde, wenn ich diese Sorte, das 20-Gramm-Döschen zu vierzig Euro, erst versucht hätte. Er riet mir, unmittelbar bevor ich den Tee trank, eine kleine Süßigkeit zu essen – so mache man es in Japan, um die natürliche Bitterkeit des Tees auszugleichen. Außerdem wies er noch einmal darauf hin, dass das Wasser bei der Zubereitung auf keinen Fall zu heiß sein dürfe, maximal achtzig Grad, weshalb ich auch gleich ein Teethermometer kaufte, das fortan erst im Ausguss des Wasserkochers, später in der Tülle meines japanischen Eisenkessels steckte.

Tatsächlich war der Unterschied zwischen dem teuren Tee und dem, was ich vorher angerührt hatte, gewaltig. Statt irgendwo zwischen Grün, Grau und Senfgelb zu changieren, leuchtete das Pulver beim Öffnen der Dose kraftvoll wie eine hochreaktive chemische Substanz. Dieser Eindruck steigerte sich noch, als ich es schließlich in der schwarzen Schale aufschlug: als schaute ich in die Summe allen Grüns. Zugleich stieg mir ein würziger, herbsüßer Duft in die Nase. Schon beim ersten Schluck begriff ich, dass der gallenbittere Geschmack des billigen Matchas, den ich wochenlang hingenommen hatte, nichts mit asketischer Selbstdisziplinierung, sondern lediglich mit minderwertiger Qualität zu tun gehabt hatte.

Doch ganz gleich, wie wild ich den *Chasen* hin und her schlug, die Klümpchen blieben, und infolge der rabiaten Behandlung brachen immer wieder Bambussplitter ab, die in meinem Mund landeten. Von der schaumigen Oberfläche, die ich auf vielen Bildern sah, war mein Matcha weit entfernt. In den Büchern las ich, dass es einerseits *Koi-cha* (Dicker Tee) gab, andererseits *Usu-cha* (Dünner Tee), hatte aber keine Ahnung, was von beidem ich mir selber anrührte, geschweige denn, wie viel Pulver für welche Zubereitungsweise richtig gewesen wären. Sowieso hatten all diese Versuche, die ich auf der Spülmaschine zwischen Espressoautomat und Toaster durchführte, mit der eigentlichen Teezeremonie lediglich die Ausgangssubstanz gemein.

Als ich mich der Szene näherte, in der Mitsuko für Achim den Tee zubereiten sollte, hatte ich zahllose YouTube-Videos angeschaut, mir Lehr-DVDs der beiden größten japanischen Teeschulen, Urasenke und Omotesenke, beschafft und verstand doch immer weniger, was genau dort vor sich ging. Manche Bewegungsabläufe kamen mir ganz und gar manieriert vor – sie passten so gar nicht zum Geist des Zen, der alles Überflüssige aussonderte und jeden Vorgang auf den Kern seiner inneren Notwendigkeit zurückführte.

Natürlich wusste ich zu diesem Zeitpunkt, dass bei der *Chanoyu*, wie bei allen japanischen Disziplinen und den meisten spirituellen Überlieferungen, unabhängig davon, aus welchem Kulturraum sie stammten, im Prinzip die Unterweisung durch einen leibhaftigen Meister unerlässlich war, ja dass die eigenmächtige Aneignung der Praxis eines solchen Wegs regelrecht gefährlich sein konnte. Doch einen Teemeister in Berlin zu finden hielt ich für ziemlich aussichtslos. Darüber hinaus fürchtete ich angesichts der Komplexität des Rituals und der vielfältigen geistigen Dimensionen, die ihm innewohnten, dass ich schon bald mein Leben würde ändern müssen, wenn ich mich ernsthaft darauf einließ.

In der langen Form kann eine solche Teezusammenkunft leicht vier Stunden dauern. Neben dem Tee werden dann auch erlesene Speisen und Sake gereicht, zwischendurch ordnet der Gastgeber die Kohlen im Ofen nach bestimmten Gesetzmäßigkeiten neu an, brennt kostbares Räucherwerk ab, was beides ebenso aufwendig gelernt werden muss wie die Teezubereitung selbst.

Einen Schwerpunkt bildet die Betrachtung und Erörterung der verwendeten Gefäße sowie der Bilder, Kalligrafien und Blumenarrangements in der *Tokonoma* – der abgesetzten Nische, die zu jedem Teeraum gehört. Dazwischen gibt es Pausen, in denen der Gastgeber den Raum umdekoriert. Wenn er alle Vorbereitungen – vom Sägen der eigens für diesen Zweck geköhlerten Kohle über das Mahlen des Tees in einer steinernen Mühle bis hin zur Zubereitung der dazugehörigen Speisen – eigenhändig übernommen hat, ist er vorher mindestens noch einmal die gleiche Zeit alleine beschäftigt gewesen. Zwar geht es zunächst und in erster Linie darum, eine perfekte Schale Matcha zuzubereiten, doch die Teezeremonie ist eben auch ein bis ins kleinste Detail choreografiertes Ritual im Geist des Zen, das eher den *Katas*, den exakt festgelegten Bewegungsabläufen im Karate, verwandt ist als irgendeiner Art von Küchenarbeit.

Das waren bei Weitem zu viele und zu große Aufgaben, als dass sie sich neben dem Schreiben eines Romans hätten bewerkstelligen lassen.

Trotzdem kaufte ich mir eine Bambusschöpfkelle und einen *Chashaku*, den ebenfalls aus Bambus geschnitzten Spatel, mit dem man den Tee aus der Dose in die Schale gibt. Dazu ein *Mizusashi*, ein Deckelgefäß aus Keramik, das frisches Wasser zum Auffüllen des Kessels auf dem Feuer enthält, sowie ein kupfernes *Kensui* – eine Art Schüssel, in die man die *Chawan* während diverser Spül- und Reinigungsvorgänge ausleert.

Schließlich hatte ich sämtliche Utensilien zusammengetragen und mir die zentralen Abläufe so oft auf

Videos angeschaut, dass ich in einem Zustand geradezu technischer Nüchternheit war, als ich all meine Gerätschaften eines Nachmittags auf dem Wohnzimmerteppich anordnete, um einen ersten eigenen Versuch zu unternehmen. Rechts von mir positionierte ich den Laptop auf dem Boden und schaltete den Clip einer japanischen Teemeisterin ein, die Schritt für Schritt einen vollständigen Durchlauf der zentralen Vorgänge in einem kleinen Teehaus irgendwo in den amerikanischen Bergen zeigte. Von allen Teelehrern und -schülern, die ich mir angeschaut hatte, war sie die Einzige, die weder falsche Feierlichkeit noch gespreizte Etikette zur Schau trug. Ihre Bewegungen hatten genau die Klarheit und Härte, die ich von einem Samurai-Ritual erwartete.

Da japanische Unterweisung traditionell auf wortreiche Erklärungen und didaktische Konzepte verzichtet, sondern auf schlichter Nachahmung beruht, versuchte ich, möglichst genau hinzuschauen und stur zu wiederholen, was die Meisterin auf dem Bildschirm mir vormachte. In der Folge war ich einige Wochen lang hauptsächlich damit beschäftigt, mit der linken Hand die leere Schöpfkelle vom Rand der Kupferschüssel zu heben, mit der Rechten das *Futaoki*, einen kleinen Bambusknauf, der als Ablage dient, dort herauszunehmen und neben dem eisernen Teeofen zu platzieren. Wieder und wieder stellte ich das Video zurück auf Anfang und begann den Ablauf von vorn, denn so viel wusste ich inzwischen: Ganz gleich, welche der traditionellen japanischen Künste ich lernen wollte, ob Bogenschießen, Ikebana oder eben die Teezeremonie, es bedeutete zunächst und vor allem, dass ich meine individuellen Eigenarten vergessen und mich fraglos in die Überlieferungslinie des Meisters beziehungsweise in diesem Fall der Meisterin einreihen musste, ganz gleich, ob sie nun neben mir kniete oder ihre Unterweisung mithilfe eines Videos gab.

Spätestens hier werden alle ernsthaften Teeschüler wutentbrannt das Buch zuschlagen und in die Ecke werfen, und vielleicht haben sie sogar recht. – Vielleicht auch nicht.

Schon im Verlauf des Einübens dieser ersten einfachen Bewegungsfolge, lange bevor überhaupt Tee und heißes Wasser ins Spiel kamen, dämmerte mir mehr von dem, worum es in der Teezeremonie eigentlich ging, als nach all den klugen Erörterungen, spirituellen Beschwörungen und geistesgeschichtlichen Einordnungen, die ich zuvor gelesen hatte.

Das lag vor allem daran, dass nicht eine einzige meiner Bewegungen auch nur annähernd so geriet, wie sie dem Video zufolge sein sollte. Anfangs stieß ich abwechselnd mit der Bambuskelle oder dem *Futaoki* gegen den Rand des bronzenen *Kensui*. Es erzeugte jedes Mal einen Ton wie von einer buddhistischen Klangschale, was in diesem Fall eben gerade nicht erwünscht war. Die Kelle rutschte vom Rand und fiel in die Schüssel, sie glitt nach vorn, landete auf dem Teppich oder rollte seitlich herunter. Beim nächsten Mal stimmten die Abstände zwischen den Dingen nicht, oder ich selbst kniete zu weit von meinem Arrangement entfernt und musste abbrechen, um mich neu zu positionieren. Ich verwechselte die Reihenfolge der Bewegungen oder griff schlicht daneben, weil meine Augen auf dem Bildschirm klebten. Nach zwanzig missglückten Versuchen spürte ich wilden Zorn darüber aufsteigen, dass ich offenbar zu dämlich war, einen derart simplen Vorgang einfach nur zu wiederholen. Wenn der Ablauf zufällig einmal geglückt war, dachte ich, jetzt hätte ich es begriffen, nur um beim nächsten Mal mit frischem Schwung einen anderen Fehler zu machen. Sowieso waren meine Gesten, selbst wenn nichts schepperte oder umkippte, unendlich weit von der ruhigen Selbstverständlichkeit der japanischen Meisterin entfernt. Mir dämmerte, dass schon das schlichte Heben einer flachen Hand, die auf den Knien lag, einen spezifischen Ausdruck hatte, ganz gleich, ob ich das nun beabsichtigte oder nicht: Sie konnte fahrig, schlampig, unsicher oder überambitioniert sein, oder im Gegenteil jeden Sekundenbruchteil vermitteln, dass keinerlei Zweifel über das Ob, Warum und Wie der Handlung bestanden.

Ich ahnte, dass es womöglich gar nicht an den Abläufen selbst gelegen hatte, wenn mir manche Teevorführungen prätentiös und angestrengt erschienen waren, sondern an der individuellen Art, wie dieser und jener sie ausführte. Tatsächlich diente jede Bewegung dazu, eine perfekte Schale Tee auf eine einfache und schöne Weise zuzubereiten, zugleich war der Vorgang so etwas wie ein klarer Gedanke in Gesten, der genau das zum Thema hatte.

Meist übte ich, bis meine Füße so vollständig eingeschlafen waren, dass es schmerzte. Sobald ich aufstehen wollte, musste ich mich abstützen, um nicht gleich wieder hinzufallen.

Die erstaunlichste Folge dieser Endloswiederholungen bemerkte ich jedoch erst, wenn ich anschließend alle Dinge wieder an ihren Platz zurückräumte. Auf einmal fiel mir auf, dass ich ein Gefäß ganz unaufmerksam in die Hand genommen hatte, dass der Griff nicht stimmte, dass selbst mein Gang vom Teeplatz in die Küche kraftlos und unentschieden war. Ohne dass ich es im eigentlichen Sinne beabsichtigte, begannen meine Augen auf die Umgebung zu achten. Ich schob das *Mizusashi* nicht mehr einfach zwischen Krüge, Topflappen und Mixer, sondern wählte eine Stelle aus, wo ich es abstellte, nicht nur, um sicherzugehen, dass ich es nirgends anstieß und beschädigte, sondern es sollte einen zumindest ansatzweise angemessenen Platz haben. Später räumte ich von vornherein eine Fläche für die Vorrichtungen und das Verpacken der Gegenstände frei.

Natürlich war der orientalische Teppich mit seinen Ornamenten keine passende Umgebung für eine Teezeremonie, zumal sein dicker Wollflor sich als völlig ungeeigneter Untergrund erwies: Gerade der leichte *Chasen* und das Lackdöschen mit dem Tee standen instabil, was regelmäßig Unfälle verursachte. Nach einigen Wochen schaffte ich deshalb eine zusammenklappbare *Tatami*-Matte an, die immer öfter liegen blieb, bis sie schließlich zusammen mit dem gusseisernen Ofen als fester Teeplatz im Wohnzimmer etabliert war.

Dort bereite ich seit mittlerweile vier Jahren nahezu täglich Tee auf die traditionelle Weise zu – meist allein, mal für die Frau vom Nachbarschreibtisch, die das alles ziemlich skurril findet, manchmal für Gäste.

Mit der Dreiviertelstunde, die es samt allen Vor- und Nachbereitungen dauert, eine Schale Tee aufzuschlagen, ist es allerdings bei Weitem nicht getan: Vor drei Jahren kam ich zu der Überzeugung, dass es besser wäre, statt in Jeans und T-Shirt in *Kimono* oder *Hakama* auf der *Tatami*-Matte zu knien, und es dauerte wiederum Wochen, bis ich die verschiedenen Knoten und Schleifen beherrschte, die zum Anlegen japanischer Kleidung vonnöten sind. Natürlich koche ich, wenn Gäste zur Teezeremonie kommen, auch kleine japanische Menüs, wie sie vor dem Tee gereicht werden, und derzeit denke ich darüber nach, die elektrische Heizschleife im Ofen durch das traditionelle Kohlefeuer zu ersetzen, was mit zahlreichen neuen Herausforderungen verbunden wäre …

Seit Ulrich Vollmer meine Bewegungsabläufe von Zeit zu Zeit korrigiert, mache ich schneller Fortschritte: Oft sind es Kleinigkeiten in der Haltung oder Ungenauigkeiten in einem Bewegungsablauf, dessen Sinn sich mir beim reinen Zuschauen und Nachmachen nicht erschlossen hat. Besonders hilfreich waren simple Hinweise, dass man den Tee durch ein feines Sieb streichen muss, bevor man ihn aufschlägt, weil sich sonst Klümpchen bilden. Oder dass der *Chasen* bereits während der Vorbereitung befeuchtet wird, damit die Spleißen flexibel werden – sonst splittern sie und brechen ab. Ohnehin ist vieles von dem, was vor und nach der eigentlichen Teezubereitung geschieht, auf keinem Lehrvideo zu sehen. Am Ende ist die persönliche Unterweisung durch einen Meister wohl doch unersetzlich.

Im Nachvollziehen der reduzierten, funktionalen und zugleich formvollendeten Gesten wird mir Tag für Tag vor Augen geführt, wie unkonzentriert, ja sinnlos die meisten meiner Verrichtungen im Alltag immer noch sind, sei es, weil ich sie für nebensächlich halte, sei es, weil ich vermeintlich wichtigen Gedanken nachjage, während ich in Wirklichkeit Kartoffeln schälen wollte.

Offenbar haben die Teemeister dem Bewegungsablauf der *Chanoyu* ein Geheimnis eingeschrieben, das dem, der sie vollzieht, dabei hilft, sich selbst zu erkennen. Wie bei vielen vom Zen geprägten Wegen geht es darum, den notorisch sprunghaften Geist des Menschen durch beispielhaft einfache Übungen zu überlisten, damit er sich schließlich mit nichts anderem beschäftigt als mit dem, was jetzt, in genau diesem Augenblick, ansteht, und dadurch Ruhe findet. Denn auch wenn – anders als zu Zeiten Toyotomi Hideyoshis und Sen no Rikyūs – heutzutage selbst in Japan keine Teemeister mehr zu rituellem Selbstmord verurteilt werden: Jeder dieser Augenblicke ist einmalig und unwiederbringlich, eine Sache auf Leben und Tod.

9. *Tee aus Indien für Engländer und Ostfriesen*

Nirgends sonst auf der Welt ist ein der *Chanoyu* vergleichbares Ritual rund um die Teezubereitung entwickelt worden, aber es gibt natürlich auch andere Formen, die über den bloßen Konsum eines anregenden Heißgetränks weit hinausgehen.

In Westeuropa sind vor allem die Engländer für ihre Liebe zum Tee berühmt, an ihrer Seite stehen in Deutschland lediglich die Ostfriesen, die als Einzige eine eigenständige Teekultur entwickelt haben.

Schaut man zurück in die Geschichte, finden sich durchaus Anhaltspunkte, weshalb der Tee es in Deutschland vergleichsweise schwer hatte, auch wenn historische Gegebenheiten selten zwingende Gründe liefern, sondern eher bestimmte Tendenzen aufzeigen, aus denen im Nachhinein schlüssige Erklärungen konstruiert werden.

Die Quellen sind nicht ganz eindeutig, doch wahrscheinlich waren es portugiesische Seefahrer, die aufgrund ihrer Handelsbeziehungen nach Japan bereits 1580, also zur Zeit Oda Nobunagas und Sen no Rikyūs, erstmals Tee nach Portugal gebracht haben. Vermutlich hatten sie auch Matcha an Bord, der sich jedoch nicht durchsetzen konnte – nach der neunmonatigen Seereise dürfte er zu scheußlich geschmeckt haben. Vielleicht versiegte auch einfach der Nachschub, als die Portugiesen einschließlich ihrer Missionare infolge der Abschottungspolitik des Tokugawa-Shogunats Anfang des 17. Jahrhunderts aus dem Land gejagt wurden. In der Folge wurde japanischer Tee für den europäischen Markt weitgehend bedeutungslos, was auch daran lag, dass die chinesischen Schwarztees robuster waren und den langen Transport besser überstanden, abgesehen davon entsprachen sie eher dem europäischen Geschmack.

1610 übernahmen die Niederländer das Teemonopol von den Portugiesen, und so waren es denn Schiffe der Holländisch-Ostindischen Kompanie, mit denen die ersten Teekisten aus Japan und China, das zu dieser Zeit den Handel mit den europäischen Mächten ebenfalls streng reglementierte, über Batavia nach Amsterdam gelangten.

Dennoch scheint sich die erste europäische Teekultur zu Beginn des 17. Jahrhunderts in Portugal entwickelt zu haben. Als die portugiesische Prinzessin Katharina von Braganza 1662 den englischen König Karl II. heiratete, befanden sich in ihrer Mitgift zwei Kisten chinesischen Tees bester Qualität. Obwohl die Niederländer bereits ab 1644 Tee nach England lieferten, wusste dort bei Hof niemand etwas damit anzufangen. Katharina gelang es, zunächst die englische Aristokratie und in der Folgezeit die gesamte Britische Insel für das Teetrinken zu begeistern.

1669 übernahmen die Briten das exklusive Recht für den Teehandel mit China von den Niederländern und behielten es bis 1833. Das Ende des Monopols gab den Bemühungen der British East India Company neuen

Schwung, eine eigene koloniale Teeproduktion auf dem indischen Subkontinent zu etablieren. 1834 gelang es Dr. Nathaniel Wallich, dem Direktor des Botanischen Gartens in Kalkutta, aus geschmuggelten chinesischen Teesamen Stecklinge zu ziehen. Die meisten der achtzigtausend Pflanzen, die er in verschiedenen Gegenden Indiens ausbringen ließ, gingen allerdings gleich wieder ein. Lediglich in Darjeeling gelang die großflächige Ansiedlung. Bis heute werden dort, anders als im übrigen Indien, Blätter von Abkömmlingen des chinesischen Teestrauchs gepflückt, was der Grund für den gänzlich anderen Charakter der von dort stammenden Teesorten ist.

Am Anfang der Geschichte der berühmten Teeplantagen in Assam, Nilgiri und auf Sri Lanka steht die Entdeckung des tropischen Teebaums, Camellia sinensis var. assamica, durch den englischen Abenteurer Robert Bruce 1823 im indischen Regenwald. Robert starb im darauffolgenden Jahr und hinterließ auf dem Sterbebett das Wissen um die Entdeckung seinem jüngeren Bruder, Charles Alexander, der ab 1835 in eigener Initiative Pflanzungen des Assam-Teebaums anlegte. 1836 sandte er erste Proben an das Tee-Komitee in Delhi, das ihnen gute Qualität bescheinigte. Nachdem auch der Generalgouverneur, Lord Auckland, den Tee für gut befunden hatte, begann der weltweite Export schwarzen Tees vom indischen Subkontinent.

In Deutschland wird der Tee erstmals um 1650 erwähnt. Der niederländische Leibarzt des Kurfürsten Friedrich-Wilhelm von Brandenburg, Cornelius Dekker, gen. Bontekoe, soll ihn dort hoffähig gemacht haben. Allerdings wurde unter den deutschen Gelehrten dieser Zeit lange erbittert gestritten, ob Tee der Gesundheit nütze oder ihr vielmehr ernsthaften Schaden zufüge. Einige sahen in ihm immerhin ein Mittel, des in allen Bevölkerungsschichten weitverbreiteten Alkoholproblems Herr zu werden. Auch Menschen, denen aufgrund großer Verantwortung oder starker beruflicher Belastung wenig Zeit zum Schlafen blieb, wurde Tee vereinzelt wegen seiner anregenden Wirkung empfohlen.

König Friedrich II. förderte den Teekonsum zunächst. 1751 ließ er die Emder Ostasiatische Handelskompanie gründen, mit dem Ziel, eigene Geschäftsbeziehungen nach China aufzubauen, doch der Siebenjährige Krieg beendete das Abenteuer bereits nach fünf Jahren. Anschließend setzte Friedrich alles daran, den Tee zu verbieten, da die kostspieligen Importe aus England und den Niederlanden die preußische Wirtschaft zu stark belasteten. Stattdessen ließ er die Bevölkerung nun wieder ausdrücklich zum Konsum des heimischen Biers aufrufen.

Möglicherweise haben solche Entscheidungen dazu beigetragen, dass der Tee hierzulande in seiner Beliebtheit weit hinter dem zur selben Zeit eingeführten Kaffee zurückblieb, sieht man von kleineren Tee-Enklaven wie Ostfriesland und Hannover ab, das zwischen 1714 und 1837 zur britischen Krone gehörte.

Die Sonderrolle Ostfrieslands in der deutschen Teekultur hat ihren Grund zunächst in der direkten Nachbarschaft zu den Niederlanden. Es gab zahlreiche ostfriesische Schiffe, die unter niederländischer Flagge fuhren. Die Kapitäne brachten ab Mitte des 17. Jahrhunderts Tee mit nach Hause, der sich bald großer Beliebtheit erfreute. Während des Unabhängigkeitskriegs der Vereinigten Niederlande gegen Spanien ließen sich zahlreiche niederländische Kaufleute in Emden nieder und importierten ihre Waren aus Übersee über den dortigen Hafen. Aufgrund ihrer uneinnehmbaren Festungsanlagen behielt die Stadt auch während des Dreißigjährigen Kriegs ihre Stellung als florierendes Handelszentrum, sodass die Einfuhr von Luxusgütern – anders als im Großteil des Reiches – nicht zum Erliegen kam. Das Emdener Besitzbürgertum blieb wirtschaftlich stark genug, um sich ein kostspieliges Lieblingsgetränk wie den Tee leisten zu können.

In Ostfriesland waren denn auch die Versuche der preußischen Regierung und ihrer Polizei, den Teehandel zu unterbinden, weitgehend erfolglos. Die Ostfriesen reagierten mit Teeschmuggel in großem Stil und ignorierten das Verbot mit unbeirrbarer Dickköpfigkeit. Nicht umsonst heißt es ja: »Abwarten und Tee trinken.«

Vielleicht war es auch das raue Wetter an der Nordsee, das den Menschen dort den Tee als besonders angenehmes Getränk bei Nässe und Kälte erscheinen ließ. Denn obwohl Kaffee ebenfalls heiß getrunken wird, eignet er sich doch viel weniger zum Aufwärmen als Tee, und auch der im Norden so beliebte Rum schmeckt im Tee einfach besser als im Kaffee.

Engländern und Ostfriesen gemeinsam ist, dass sie kräftige, dunkle Teemischungen bevorzugen und Milch beziehungsweise Sahne hinzugeben, wobei hier wie dort die richtige Weise der Zugabe überragende Bedeutung hat. In England wird seit Jahrzehnten ernsthaft darüber gestritten, ob zuerst die Milch in die Tasse gegeben werden muss und anschließend der Tee oder umgekehrt. Ich habe beides versucht und muss gestehen, dass sich mir der Unterschied zumindest geschmacklich nicht erschlossen hat. Neuere wissenschaftliche Studien haben sich mit den biochemischen Auswirkungen beider Reihenfolgen beschäftigt, sind aber zu gegensätzlichen Ergebnissen gelangt. Die Gründe für den Disput sind wohl eher im englischen Bewusstsein für Klassenunterschiede zu suchen. Ursprünglich gab man angeblich zuerst die Milch in die Tasse, weil minderwertige Porzellane beim plötzlichen Kontakt mit sehr heißer Flüssigkeit reißen können. Die Mitglieder von Aristokratie und Oberschicht demonstrierten dann, indem sie erst den heißen Tee in die Tasse gossen, dass sie sich selbstverständlich das allerfeinste Porzellan leisten konnten. In der Fernsehserie *Upstairs, Downstairs* fasst der Butler Hudson die Diskussion folgendermaßen zusammen: »Those of us downstairs put the milk in first, while those upstairs put the milk in last.« Dementsprechend müsste sich die Queen als oberste Teemeisterin des Landes selbstverständlich zuerst den Tee einschenken. Laut Michael Bentley vom Londoner Hotel Ritz, den Patricia Clough in ihrem Buch *English Cooking* zitiert, soll die Queen allerdings zuerst die Milch nehmen.

Bis zur Unabhängigkeit Indiens vom Vereinigten Königreich 1947 ist die Teegeschichte beider Länder untrennbar miteinander verwoben, und so wundert es nicht, dass Tee mit Milch auch auf dem indischen Subkontinent weit verbreitet ist. In Pakistan muss man sie ausdrücklich abbestellen, wenn man puren Schwarztee trinken will, in manchen Gegenden wird er sogar direkt in der Milch gekocht. In Indien gibt man außerdem gern kräftige Gewürzmischungen bei, woraus die seit einiger Zeit beliebten Masala-Chais beziehungsweise Yogi-Tees hervorgegangen sind. Für Teetrinker, die Freude an kulinarischen Experimenten haben, lohnt es sich, gelegentlich die Beutelmischung im Schrank zu lassen, selbst wenn sie aus dem Bio-Markt stammt, und zum Beispiel eine Stange Zimt, sechs Nelken, zehn schwarze Pfefferkörner, vier grüne Kardamomkapseln grob im Mörser zu zerstoßen und zusammen mit einer Scheibe frischem Ingwer in einem halben Liter Wasser zu kochen. Anschließend kommen fünf Löffel eines kräftigen Schwarztees und ein halber Liter Milch hinzu. Das Ganze wird noch einmal kurz aufgekocht, je nach Geschmack gesüßt und durch ein Sieb abgegossen.

Synästhetisch betrachtet gehört eine Tasse Ostfriesentee sicherlich zu den schönsten Ritualformen, die rund um den Tee entwickelt wurden. Dabei ist die eigentliche Teezubereitung weder besonders kompliziert noch spektakulär. Traditionellerweise handelt es sich um eine Kreuzung aus Samowar-Tee und einfachem Aufgusstee: 4–5 Löffel Ostfriesische Mischung werden in einer vorgewärmten Kanne mit sprudelnd kochendem Wasser übergossen, sodass sie knapp bedeckt sind. Die Blätter sollen je nach Geschmack 3–5 Minuten ziehen, anschließend wird der Sud mit kochendem Wasser aufgefüllt und durch ein Sieb in eine ebenfalls vorgewärmte Porzellankanne umgeschüttet. Nach meiner Erfahrung nimmt der Geschmack allerdings keinen schweren Schaden, wenn man den Tee von Anfang an in einem Liter Wasser ziehen lässt.

Auf dem Tisch wird der Ostfriesentee dann ein kleines Gesamtkunstwerk, das geschmackliche, optische und akustische Elemente miteinander verbindet. Im Gegensatz zu den sensiblen asiatischen Grüntees, bei denen das Stövchen tabu ist, gehört es in Ostfriesland dazu, und das brennende Teelicht hat durchaus einigen Anteil an der besonderen Atmosphäre. Das Service ist klassischerweise aus weißem Porzellan mit blauer Unterglasurmalerei, die häufig aus abstrahierten Pflanzenmotiven besteht. Das hört sich nebensächlich an, doch das dunkle Orange des Tees gewinnt durch das komplementäre Blau eine besondere Leuchtkraft. Bevor der Tee ausgeschenkt wird, gibt man groben Kandiszucker in die Tasse, in Ostfriesland *Kluntje* genannt, der knisternd und knackend zerspringt, sobald er mit dem heißen Tee in Berührung kommt. Jede Tasse Tee hat auf diese Weise ihren eigenen einmaligen Klang. Als Nächstes wird mit einem speziell gebogenen Löffel vorsichtig Sahne in den Tee gegeben, die sich wie eine Gewitterwolke in Miniaturform ausbreitet und deshalb auch *Wulkje* (Wölkchen) heißt. Tee und Sahne werden nicht umgerührt, sondern vermischen sich mit jedem Schluck ein bisschen mehr. Parallel dazu löst der Kandis sich langsam auf, sodass der Geschmack anfangs eher bitter und zum Schluss süß ist.

Wenn man an einem stürmischen Herbstnachmittag an solch einer Teetafel sitzt und den Melodien des knisternden Kandis nachhorcht, während das schwere Weiß der Sahne sich im klaren Tee ausbreitet und die Kerze im Stövchen von einem Luftzug flackert, stellt sich eine beinahe schon japanische Stimmungslage ein: als würden die dramatischen Prozesse der großen Natur draußen vor dem Fenster im Geschehen am Teetisch still gespiegelt.

Erstaunlicherweise hat sich die Ostfriesische Teetafel jedoch auch im Rahmen der gegenwärtigen Teerenaissance nicht weiter nach Süden ausgebreitet. Ostfriesland ist Provinz und der Ostfriese als Witzobjekt unmittelbarer Vorläufer der dämlichen Blondine, insofern eignet sich seine Lebensart schlecht für den neubürgerlichen Wunsch nach weltläufigem Stil und überfeinerter Lebensart. Stattdessen findet man hierzulande immer öfter, gerade in besseren Hotels oder ambitionierten Cafés, den britischen *High Tea* als besonderes kulinarisches Erlebnis im Angebot. In Wirklichkeit handelt es sich dabei meist um einen *Afternoon Tea*, der in den besseren Kreisen der englischen Gesellschaft ab Mitte des 19. Jahrhunderts als nachmittägliche Zwischenmahlzeit serviert wurde, während der eigentliche *High Tea* das Abendessen der Arbeiterklasse darstellte. Dementsprechend hat die Bezeichnung ihren Grund auch weder in der besonderen Qualität der zum Tee gereichten Speisen noch in der Bedeutung des Anlasses, sondern ist darauf zurückzuführen, dass der *High Tea* auf Stühlen am Esstisch eingenommen wird, wohingegen man es sich für den *Afternoon Tea* auf niedrigen Sesseln und Sofas bequem macht.

Das wusste ich allerdings nicht, als wir – die Frau vom Nachbarschreibtisch samt kleinem Hund, unsere zwölfjährige Tochter und ich – uns neulich nachmittags gegen vier auf Empfehlung eines englischen Freundes hin zum *High Tea* zu einem der Berliner Fünfsternehotels aufmachten. Vor der Eingangstür standen Ordner und Absperrgitter. Ungefähr dreißig Leute aller Altersgruppen hatten sich versammelt und warteten. Offenbar war eine Berühmtheit abgestiegen oder im Anflug. In der Lobby hingen prächtige Gebirgslandschaften aus dem 19. Jahrhundert in verschnörkelten Goldrahmen. Der Pianist am Flügel spielte freundlichen Jazz. Ein Herr vom Empfang kam auf mich zu und fragte, was er für uns tun könne. Wir hätten für den *High Tea* reserviert, sagte ich, woraufhin er uns zu seinem Kollegen in der angrenzenden Tea Lounge geleitete. Tatsächlich war dort ein sehr niedriger Couchtisch mit roten Ledersesseln und Sofa für uns eingedeckt. Links von uns saßen eine ältere Dame im Rollstuhl samt Begleitung und zwei – dem Akzent nach – original Engländer an »richtigen« Tischen bei Tee und Kuchen. Ich spürte eine leise Enttäuschung, dass man uns statt an einer Teetafel in einer Whisky-Ecke platziert hatte. Zum Glück verzichtete ich auf die Äußerung von Änderungswünschen, mit denen ich mich gleich als Ignorant entlarvt hätte.

Bis heute sind mir Luxushotels und -restaurants nicht recht geheuer. Meine Mutter hat zwar versucht, mir als Kind bürgerliche Umgangsformen beizubringen – dass man die Hände nicht in die Hosentaschen steckt, wie man einen Diener macht und richtig mit

Messer und Gabel isst. Angeblich konnte ich das alles sehr früh sehr schön, aber meine bäuerlichen Verwandten väterlicherseits sahen darin eher typisch städtische Albernheiten, und ihre skeptisch-mitleidigen Blicke führten dazu, dass ich mir schon als Kind wie ein Hochstapler vorkam, wenn ich bei Familienfeiern das wohlerzogene Bürgerkind gab, an dem sich die schlecht erzogenen Vettern und Cousinen ein Beispiel nehmen sollten. In der rauen Welt des Internats, wo man – wie in allen reinen Männerrunden – für diese Art der Überfeinerung bestenfalls als Muttersöhnchen verspottet wurde, streifte ich die schönen Manieren dann binnen kurzer Zeit ganz ab, und davon haben sie sich bis heute nicht erholt.

Ich ließ mich also in dem tiefen Sessel nieder, unsicher, wie man als Engländer oder auch nur als zivilisierter Deutscher dort angemessen sitzt: eher vornübergebeugt, die Ellbogen auf den Oberschenkeln abgestützt, oder zurückgelehnt mit übereinandergeschlagenen Beinen – auf welche Weise schlägt ein Mann korrekt die Beine übereinander? Ich schaute mir die silbernen Töpfchen mit verschiedenen Sorten Zucker und das dazugehörige Milchkännchen an, überlegte, ob es sich um echtes oder sogenanntes *Hotelsilber* handelte. Die Form der makellos weißen Gedecke glich der meiner liebsten Darjeeling-Tasse zu Hause – ein Stück Meißner Porzellan, vermutlich aus den 1920er-Jahren, allerdings zweite oder sogar dritte Wahl. Ich erinnerte mich, dass Ulrich Vollmer mir erzählt hatte, in Japan würden Keramik-Enthusiasten, wenn sie zum Essen eingeladen seien, immer besonders schnell essen, damit sie auf der Unterseite des Geschirrs nach den Künstlermarken schauen konnten. Ich beugte mich also vor, stützte die Ellbogen auf der Tischplatte ab, wie ich es mache, wenn ich eine *Chawan* in Augenschein nehme, saß jetzt wohl endgültig da wie ein niederrheinischer Bauer und drehte die Tasse um. Tatsächlich war sie mit den typischen gekreuzten Schwertern des echten Meißner Porzellans gekennzeichnet.

Auf der *Afternoon Tea*-Karte standen neben den Tees von Ronnefeld und drei Sorten britischer Eigengewächse aus Cornwall auch die Tees von Fortnum & Mason. Der Kellner hieß *Tea Master* und erläuterte uns freundlich den Charakter der verschiedenen Tees sowie die Varianten des *Afternoon Tea*: welche Sandwiches gereicht würden – Gurke, Eiersalat mit Kresse, Schinken, Lachs – und welche Kuchen, Törtchen und Pralinés, außerdem gebe es die typischen *Scones*, eine britische Art lauwarmer Rosinen-Krapfen mit *Clotted Cream*, dickem Süßrahm, und hausgemachter Erdbeermarmelade.

Wir bestellten drei Mal die komplette Etagere, dazu eine Kanne Darjeeling, Ceylon Orange Pekoe und Queen Anne – einen Blend aus Assam und Dimbula-Tees. Der *Tea Master* ging daraufhin an seine Anrichte aus Mahagoni und Ebenholz, auf der neben einem sehr großen Samowar eine breite Tribüne für mehrere Reihen Teedosen aufgebaut war, außerdem silberne Kannen, eine Sanduhr zum Messen der Ziehzeit und tatsächlich Teesiebe aus Metall – die gleichen, die ich auch benutze, wenn ich zu beschäftigt oder zu faul bin, die Teeblätter frei schwimmend ziehen zu lassen.

»Hinter dir steht übrigens Uli Hoeneß«, sagte die Frau, woraufhin ich mich reflexartig umdrehte und den Moment verpasste, in dem der *Tea Master* den Tee in die Siebe gab, sodass ich nicht weiß, wie viele Löffel er für den halben Liter genommen hat.

Nicht nur der Darjeeling, auch die beiden dunkleren Tees, Queen Anne und Ceylon Orange Pekoe, schmeckten sehr leicht, und ich verzichtete auf Milch, ganz gleich, was die Engländer am Nachbartisch von mir hielten. Sowieso hätten die Chancen, mich wegen der offenen Frage, wann sie in die Tasse gehörte, nicht zu blamieren, fünfzig zu fünfzig gestanden.

Nachdem wir alle drei Tees ausgiebig probiert hatten, kamen die Etageren. »Ich würde Ihnen empfehlen, unten, bei den salzigen Sandwiches, anzufangen«, sagte der *Tea Master*. Es war das erste Mal seit mehr als fünfunddreißig Jahren, dass ich britische Sandwiches versuchte. Während eines Schüleraustauschs zu Internatszeiten waren die mit matschigem Käse beschmierten Toastscheiben der Inbegriff labberigen, nach nichts schmeckenden englischen Essens gewesen. Aber hier war das weiche Brot nicht pappig zäh, sondern ganz fluffig. Während ich der ungewöhnlichen Konsistenz aus krustenlosem Weißbrot und gehackten Gurken nachspürte, wurde das Mädchen gegenüber plötzlich unruhig, beugte sich zu seiner Mutter herüber, die aufschaute und ihren eigenen Satz abbrach. Beide starrten sie jetzt an mir vorbei Richtung Eingang. Das Mädchen hatte vor Aufregung rote Wangen, sprang plötzlich mit dem Einverständnis der Mutter auf, das Smartphone in der Hand, und stand schon neben einem kleinen jungen Mann in grauem T-Shirt, der sich seitlich zu ihr herunterbeugte, während sie das Telefon für ein Selfie am ausgestreckten Arm hielt. Erst jetzt erkannte ich ihn: Es war Mario Götze, der das Siegtor für Deutschland bei der letzten Fußballweltmeisterschaft geschossen hatte. Das Mädchen kehrte an den Tisch zurück, stieß halblaute Schreie aus und begann, das Bild an die Freundinnen in den sozialen Netzwerken zu schicken. Ich verdrehte die Augen, was blieb mir auch anderes übrig als Vater, der gerade in einen wunderbaren lauwarmen *Scone* gebissen hatte, dick mit *Clotted Cream* und fantastischer Erdbeermarmelade bestrichen, und jetzt eine Tasse wirklich exzellenten Ceylon-Tees an die Lippen führte. Einen Moment lang spürte ich leichten Ärger, dass sich später in den Erinnerungen meiner Tochter nicht ihr erster *Afternoon Tea* als besonderes Erlebnis finden würde, sondern der Tag, an dem sie ein Foto mit Mario Götze gemacht hatte. Doch dann dachte ich mir, dass sie ihn durch die sonderbaren Umstände sicher nie vergessen würde, ja, dass ihr junges Leben mit Tee neben drehenden Derwischen bei einem türkischen Sufi-Scheich, Matcha aus der Hand einer japanischen Teemeisterin in prächtigem Kimono, Sencha am fauchenden *Anagama*-Ofen von Jan Kollwitz jetzt ein weiteres Bild enthielt, das von den unzähligen Möglichkeiten in den vielgestaltigen Räumen des Tees erzählte. Und irgendwie passte es doch auch: Schließlich hatte der Fußball gleich dem indischen Schwarztee aus Indien ab Mitte des 19. Jahrhunderts von England aus seinen Siegeszug um die Welt angetreten.

QUEEN ELIZABETH II

Literaturverzeichnis

Clough, Patricia: *English Cooking*, München 2001

Ehmcke, Franziska: *Der japanische Tee-Weg. Bewußtseinsschulung und Gesamtkunstwerk*, Köln 1991

Lünser, Thomas: *Reisen zum Tee*, Berlin 2003

Lu Yu: *Cha Ching: Das klassische Buch vom Tee*, aus dem Altchinesischen übersetzt und bearbeitet von Dr. Jian Wang und Karl Schmeisser, Graz 2002

Plutschow, Herbert: *Rediscovering Rikyū and the Beginnings of the Japanese Tea Ceremony*, Kent 2003

Teewege: Historie, Kultur, Genuss, hrsg. von Markus Mergenthaler im Auftrag des Knaup Museums Iphofen, Dettelbach 2013

MIX
Papier aus verantwortungsvollen Quellen
FSC® C014496
FSC www.fsc.org

ISBN 978-3-7160-4045-4

Ungekürzte Taschenbuchausgabe
1. Auflage 2022

Umschlaggestaltung: Sund Design, Hamburg, unter Verwendung eines Motivs von © GettyImages/B. S. P. I.
Gesetzt aus der DTL Dorian
Druck und Bindung: GGP Media GmbH, Pößneck
Printed in Germany

www.arche-verlag.com
Facebook: ArcheVerlag
Instagram: arche_verlag